原來莊子這樣說

傅佩榮 著

增訂新版

目錄 CONTENTS

前言

寧靜的喜悅

閱讀「莊子」，是一件賞心樂事。這是我的體會，所以當北京電視臺「養心堂」欄目邀請我介紹莊子的寓言和人生智慧時，我覺得既榮幸又高興。

我從中學時代就陸續聽到有關莊子的一些故事，初步印象都是偏向消極的。大家把莊子說成避世、反智、唯我主義，一副失意文人的模樣，但是莊子的一些寓言，從夢蝶、魚樂，到大鵬、河伯等，又讓人覺得輕鬆有趣。到底莊子在想些什麼？

當我自己認真學習了莊子，對他書中的每一句話都仔細讀了多遍以後，才恍然大悟，原來莊子是我所知古今中外哲學家裡面最聰明的人。司馬遷說莊子是「其學無所不窺」，這話是可信的。《莊子・天下》中，推崇老子是「博大真人」，而莊子自己就是站在這位巨人的肩膀上，將道家哲學的光華全部展現無遺。為什麼說莊子最聰明呢？我們且由一般的誤解說起。

首先，莊子避世嗎？戰國時代中期，是個危機四伏的亂世。憑莊子的本事，做官不是問題，但是要付出什麼代價？避世並不困難，難的是避世之後轉而修練內心世界，使它廣闊到超越天地，以致可以作逍遙之遊，享受無比的自得之樂。我們就算生活在治世，不是也常受俗人俗事干擾而心煩意亂嗎？我們不是偶爾也想避開人群，讓自己喘一口氣嗎？莊子的示範對我們很有啟發作用。

其次，莊子反智嗎？他所反對的是世間的智巧，如勾心鬥角及牟取利益。當然他也承認，在有限的一生中不可能學會無涯的知識。因此，必須分辨什麼是真正的智慧——智慧來自對人生整體的觀照與洞察，然後找到自己的適當位置，才可以欣賞萬物的多彩多姿。

再說，莊子是唯我主義嗎？真正的唯我主義者，不會費心寫下這麼精采的書，裡面又有創意十足的寓言與發人深省的語句。他對俗人俗事有所批評、譴責，但態度是溫和的，同情不忍多於抱怨責怪。我們看他寫過許多精於一技一藝而又入於化境的平凡人，就知道他不是高據講壇唱高調的書生了。

莊子所謂的道，代表萬物的來源與歸宿。這樣的道，包容萬物而形成整體。人生必修的功課即是悟道，體認自己在道之中，一無所缺；察覺自己像魚一般，與萬物、眾人「相忘於江湖」，如此將會孕生寧靜的喜悅。

借助書中的十八個題目，我們探討了莊子的重要觀點與對現代人生的啟示，所介紹的莊子寓言則遠遠不止十八則。我說過，莊子的思想是一個萬花筒，從每一個角度都可以看出其中的繽紛與瑰麗，同時也不可能用簡單的幾句話來作概括說明。那麼，就讓我們以豐沛的信心與勇氣，一起來分享與實踐莊子的大智慧吧。

傅佩榮

於台大哲學系
二〇一〇年五月

第一講

讓夢想點亮人生

是我夢見了蝴蝶？還是蝴蝶夢見了我？身為人，對於做夢有多少了解？

做夢，是每個人都有的經驗；但是夢到什麼內容，卻不是你我可以選擇或控制的。有些夢境比較清晰，醒來之後各種細節歷歷在目，敘述起來有如一篇小說；但是大多數夢境只留下一些模糊片段，隨著清醒的過程而消逝遠去。

「莊周夢蝶」也許不是一篇寓言，而是莊子真正做過的一個夢。我們平凡人讀起來，難免心生羨慕，因為任何景觀到了莊子手中，都可以寫出一番深刻的道理，以致「夢蝶」這一幕成為莊子的註冊商標，流傳千古，至今仍為眾人所津津樂道。

「莊周夢蝶」在《莊子》中是怎麼說的？我們今天對於做夢這件事有多少了解？現代人能從這段故事中領會什麼樣的人生哲理？

【莊周夢蝶】

這是《莊子‧齊物論》裡的故事：

從前莊周夢見自己變成蝴蝶，真是一隻自在飛舞的蝴蝶，十分開心得意！不知道還有莊周的存在。忽然醒過來，發現自己就是一個僵臥不動的莊周。不知道是莊周夢見自己變成蝴蝶呢？還

原　昔者莊周夢為胡蝶，栩栩然胡蝶也。自喻適志與！不知周也。俄然覺，則蘧蘧然周也。不知周之夢為胡蝶

是蝴蝶夢見自己變成莊周呢？莊周與蝴蝶一定有所分別。這種夢境所代表的，就稱為物我同化。

莊子名周，宋國蒙（今河南商丘東北）人，生當戰國時代中期，天下大亂，民不聊生。他選擇平靜度日，一家人在鄉下過著窮困的日子。在〈列禦寇〉篇中，有人嘲諷他「處窮閭厄巷，困窘織屨（ㄐㄩˋ），槁項黃馘（ㄍㄨㄛˊ）」，意思是說，住在窮街陋巷，困窘地織鞋為生，餓得面黃肌瘦。這很可能是客觀的事實描述。

靠編織草鞋養活一家人，實在不容易，所以莊子有時候也到河邊釣魚、上山砍柴或用彈弓打鳥。這一天在山間走累了，就找個舒服的樹蔭，躺下來睡個午覺。他夢見自己變成了蝴蝶，在花叢樹林間自在飛舞，他的表情想必是得意而微笑。這時根本忘記了莊周的存在。

人為什麼會做夢？原因之一是要避開那一成

與？胡蝶之夢為周與？周與胡蝶，則必有分矣。此之謂物化。

——《莊子．齊物論》

不變的日常生活。窮人夢見自己發財，就是常有的例子。西方有一則寓言，說一個牧童白天工作勞累不堪，但是一睡著就夢到變成國王，樂不思蜀。而一個國王白天享受榮華富貴，一睡著就夢到變成牧童，苦不堪言。這兩人處境相反，說明貴賤固然有先天注定的成分，但是做夢也有身不由己的特色。真實人生有時要靠做夢來調適一番，算是減少一些不公平的比例吧！

莊子並沒有夢見自己發財，而是夢到了蝴蝶。這表示他嚮往的不是物質生活的富裕，而是心靈可以擺脫世俗的牽絆，自由地與萬物往還。

可惜好夢易醒，莊子回到現實世界，發現自己就是那「僵臥不動的莊周」。下面的問題比較有趣：是剛才莊周夢見自己變成了蝴蝶呢？還是「現在」蝴蝶夢見自己變成了莊周？回首前塵往事，很少人會否定「浮生若夢」這句話。既然如此，我們今天的所作所為，從「未來」的眼光回顧，不也是一場夢嗎？

這種看似消極無奈的念頭，很快就被點化了，因為莊子接著說：「莊周與蝴蝶一定有所分別。」分別在於：當我夢見自己成為蝴蝶時，在夢中我不會質疑自己真是一隻蝴蝶，但是當我醒來之後，卻可以質疑自己真是莊周。這種質疑的能力正是人的特色所在。

質疑表示人可以思考及選擇自己以何種態度面對生活。例如不論生活如何困窘，莊子都可以坦然面對，他在提升心靈方面從不鬆懈，努力修練到與「道」同遊的境界。

蝴蝶可以自在飛舞，但是沒有心靈提升的可能。萬物都按照自然的法則活動，只有人可以選擇如何安排自己的活動。這就是人與萬物（包括蝴蝶）最大的分別。

這種分別是詛咒，還是祝福？莊子的答案很清楚，當然是祝福。所以他最後說：「這種夢境所代表的，就稱為物我同化。」因此，在莊子看來，我與萬物可以化為一個整體，這時我像蝴蝶一樣可以到處飛舞，沒有任何阻礙或限制。而另一方面，我與萬物的分別也很明顯，那就是：身為一個人，除了有形可見的身體，還有無形的心智，可以從事思考活動，進而選擇正確的修練途徑，讓自己的精神真正像蝴蝶一般，無拘無束地活在世間。這時世間的富貴或貧賤，得意或失意，榮耀或恥辱，以及種種相對的價值觀，全都失去了對我制約的作用。

莊子的思想是一個萬花筒，從每一個角度都可以看出其中的繽紛與瑰麗，同時也不可能用簡單的幾句話來作概括說明。「莊周夢蝶」是一則簡短的寓言，卻可以引發一些空靈的遐思，就是很好的例證。

【夢是什麼】

〈齊物論〉是《莊子》全書的第二篇，內容相當抽象。事實上，也就在此篇中，莊子已經描寫過「做夢」之事。他說：

一個人，晚上夢見飲酒作樂，早上起來卻悲傷哭泣；晚上夢見悲傷哭泣，早上起來卻打獵作樂。人在夢中，不知道自己在做夢。在夢中還問夢的吉凶如何，醒來後才知道是在做夢。有大清醒，然後才知道這是一場大夢。但是愚人自以為清醒，好像自己什麼都知道。

莊子這段話除了強調夢境與現實往往相反，也提醒我們對自己的人生要有「大清醒」，不要以為人間現實的一切就是我們人生的全部。單就這一點來說，我們可以借用西方對於夢的研究來作個對照比較。

原 夢飲酒者，旦而哭泣；夢哭泣者，旦而田獵。方其夢也，不知其夢也。夢之中又占其夢焉，覺而後知其夢也。且有大覺而後知此其大夢也。而愚者自以為覺，竊竊然知之。

——《莊子．齊物論》

佛洛伊德（Sigmund Freud，1856-1939）是二十世紀西方著名的心理學家、精神科醫生，他在《夢的解析》中指出：人會做夢，是因為潛意識的作用。所謂潛意識，是指我們平常清醒時無法意識到的部分，這一部分潛藏於心中，有如冰山隱藏在水面之下六分之五的體積，其龐大複雜的內容遠非我們所能想像。人在睡眠時，意識不再清醒，有如戒備鬆懈，這時潛意識就浮現於腦海中，編織各種情節故事，有時光怪陸離，難以索解。

人的潛意識是如何形成的，答案是：他在幼年時所有受挫的念頭與欲望，由於壓抑而埋藏在內心深處，這些東西構成了潛意識的主要內容。做夢時，受壓抑的欲望就會顯現出來。佛洛伊德即根據這套理論來為人治療心理疾病。我們在電影上常可看到西方世界的精神科醫師或心理醫師，他們的辦公室總會擺著一張長沙發，讓病人躺在上面訴說自己做過的夢。對夢境的分析與解釋，可以使病人察覺自己小時候所壓抑的欲望，希望從此不再受其困擾。

佛洛伊德的說法有其道理，但是他的錯誤在於把「性的壓抑」當成最主要的心理癥結，未免犯了過於簡化的毛病。他的一個學生提出，「自卑」應該是更為普遍的人類幼年經驗。這一系列主張，都把做夢歸因於潛意識的作用。

不過，「日有所思，夜有所夢」，似乎是一般人都可以接受的說法。奧地利—

美國科學家奧托・洛伊（Otto Loewi，1873-1961），在研究中碰到一個難題，久久不能索解。一天夜裡，他忽然夢到解決問題的方法，抓過一張紙匆匆寫了些東西，又睡著了。第二天早上醒來，夢境都忘了，半夜記下的東西亂糟糟的，怎麼看也看不懂，這使他非常懊喪。幸運的是，又一天夜裡，同樣的夢境又出現了。這一次他詳細地記錄下來。他的研究終於大有突破。後來使他獲得了一九三六年度諾貝爾生理學與醫學獎。

這個故事可以這麼解釋：當洛伊睡覺時，潛意識突破了封鎖線，把白天所想不通的環節連起來，然後在夢中展示出來。這樣的夢與小時候的遭遇並無瓜葛。

綜合上述各種說法，可以知道做夢是怎麼一回事了。它是潛意識的作用，但未必都來自受壓抑的欲望，也可能是日有所思而夜有所夢的結果。如果花一點時間分析自己經常做的夢，應該可以比較深入地認識自己的內心世界。莊子對夢蝶所作的簡單描述，包含了一些深刻的哲理。這就是我們學習的線索，可以帶領我們進入道家的世界。

【幻想、夢想與理想】

人的生命不可能擺脫時空的限制，譬如莊子生在戰國亂世，又困處於弱小的宋國，但是他的心智可以選擇一種思想作為歸依之所。他學習老子，推廣道家，在學術上成就斐然。種種評價，不論好壞，都是後代的事；對於莊子本人而言，每天的生活才是真實的人生內容。

他深知人間的險惡，對自然界情有獨鍾。人對自然界可以採取四種態度：競爭、利用、保護與欣賞。這四者不可偏取或偏廢。例如我上山遊覽遇到毒蛇或黃蜂，這時只能考慮「物競天擇，適者生存」的原則，採取一切手段來保護自己。其次，像莊子一樣，釣魚或打鳥，是利用自然界的資源來滿足人的生存需求。農夫耕田而有收成，也屬於此類。人類的生命從來就是利用或依賴大自然的。

再進而推到保護層次。這一點對古人而言比較陌生，因為古人的科技水準有限，對自然資源所造成的破壞大多可以復原。至於欣賞，則是重點所在。自然界依其自身的規律運作，顯示了無心而有秩序的美感。這種美感喚醒了眾人，讓我們在厭倦於人際往還的複雜關係時，可以稍事休息，以輕鬆的心情欣賞大自然的一切。

李白說：「相看兩不厭，只有敬亭山。」辛棄疾推而廣之，說：「我見青山多嫵媚，料青山見我應如是。」何止青山綠水，一花一葉也都有動人的姿彩。至於鳥獸蟲魚，除了醞生美感，還可親切互動，更是讓人回味無窮。李義山說：「莊生曉夢迷蝴蝶」，在這裡，「迷」字與其說是執著與依戀，不如說是欣賞與讚嘆。

面對現實生活的壓力，身為萬物之靈的人類總會想辦法加以化解。人的想像力提出了化解之道：幻想、夢想與理想。「幻想」一詞表示不切實際，或者說是有意逃避現實。我念中學時數學不好，不免幻想自己數學都考滿分。一般而言，這稱為「白日夢」。但是，不管白天或夜晚，睡著之後在無意識情況下所做的夢，就可以說是「夢想」了。

夢想不完全是不切實際的，因為它可能來自潛意識的暗示。如果把夢中不由自主出現的內容，投射到現實生活中，由此產生改革現狀的願望，那就可以公開聲稱是「我的夢想」了。像「我有一個夢」這樣的語句，在美國政壇上已經成為動人的口號，總能吸引大家駐足傾聽，想看看自己是否也有同樣的心意。「人類因為有夢想而偉大」，這句話是文明進步的契機。

至於理想，聽起來冠冕堂皇，一方面它與現實對立互補，沒有理想，則現實將失去方向；另一方面由於「理」字，好像比較理性，減少了如夢似幻的感受成分。理性使人可以溝通，進而取得共識，可以一起商量如何改善現實。

幻想、夢想與理想，這三者不可能完全區分開來，只能就其成分比例來判斷。當我們欣賞大自然時，可以幻想自己是隻蝴蝶，但終究少了一點「栩栩如生」的氣氛。這樣的幻想如果經常出現，難免干擾日常生活的軌道，從務實變成務空，而幻想也就變成逃避的藉口了。

夢想的特色在於潛意識的作用，不是你我可以操縱的。像莊周夢蝶，能使莊子在醒後，隨即思索：是我夢見了蝴蝶？還是現在蝴蝶夢見了我？我與蝴蝶一定有所區分。因此，物我固然有同化的一面，但是身為人，還是應該修練身心，以求展現人的更高意境。

從夢中醒來之後，就是為自己設定理想的時候了。理想是對未來的憧憬，提供現實明確的方向，也引發了上進的動力。莊子的理想不是成就治國平天下的大業，而是喚醒世人追求生命的安頓。不論個人處境如何，逍遙自在不是人類最深的嚮往嗎？

第二講　如何看待我們的潛能

要飛到處可以飛，大鵬何必費力升到九萬里高空，再往南方飛去呢？

大鯤可以變為大鵬，大鵬一飛可以飛到九萬里的高空。這種奇談怪論，大概只有在神話中才會出現。翻開《莊子》一書，第一篇是〈逍遙遊〉，首先映入眼簾的不是別的，正是這麼一段故事。

莊子的故事似乎有個用意，就是打破我們一般的想像力，所以他一再強調不知有幾千里，讓人無從想像經驗世界中的魚或鳥。但是他所說的明明白白是魚或鳥，除了強調其龐大之外，又轉到「變化」上面；大鵬並且還往南方飛去，這又涉及某種目的了。

「大鵬南飛」顯然是寓言，所象徵的是人類生命具有偉大的變化潛能。莊子如何看待人的生命？人的生命真的能夠變化嗎？

【大鵬南飛】

「北海有一條魚，名字叫鯤。鯤的體形龐大，不知有幾千里。牠變化為鳥，名字叫鵬。鵬的背部寬闊，不知有幾千里，牠奮起高飛時，雙翅張開有如天邊的雲朵。這隻巨鳥，在海風大作

原 北冥有魚，其名為鯤。鯤之大，不知其幾千里也。化而為鳥，其名為鵬。鵬之背，不知其幾千里也。怒而

時，就會遷徙到南海去。南海，是一個天然大池。」

以上是〈逍遙遊〉開篇第一段文字。先別管鯤是不是鯨魚，因為再大的鯨魚也不會有「幾千里」那麼長。至於鵬，據說最大的是一隻翅膀就比一匹馬還大，但是說牠「幾千里」，想都別想。何況魚可以變為鳥，這是在說什麼？

莊子所說的，是人的潛能，他秉承《老子》二十五章描述的：「域中有四大：道大，天大，地大，人亦大。」人的「大」既可以與天地並列，那麼說它幾千里也不為過。魚不能離開水，這表示人的生命在尚未提升轉化之前，仍有諸多限制。變為鳥之後，只需要空氣，這顯然是個進步，自由幅度更大了。當條件成熟，海風大作時，大鵬就要往南方飛了。從北到南，表示距離很遠；古人以南方代表光明，所以這個方向也暗

飛，其翼若垂天之雲。是鳥也，海運則將徙於南冥。南冥者，天池也。

——《莊子・逍遙遊》

示追求智慧的覺悟。

至於怎麼起飛，飛行過程又發生什麼事？莊子接著引述記載怪異之事的《齊諧》，這本書上說：「當大鵬往南海遷徙時，水面激起三千里波濤，牠拍翅盤旋而上，飛到九萬里的高空。牠是乘著六月颳起的大風而離開的。」野馬似的空中游氣，四處飛揚的塵埃，都是活動的生物被大風吹拂所造成的。天色蒼蒼，那是天空真正的顏色嗎？還是因為遙遠得看不到盡頭的結果？從天空往下看，也不過是像這樣的情況吧？

大鵬乘著自然條件起飛了，並且一飛就是九萬里，因為牠飛到九萬里的高空，才算抵達風的上方，然後才可以乘著風力，背靠著青天，開始飛向南方。「九萬里」實在不能當成真實的距離。我們搭乘國際航線的飛機，頂多飛到三萬多英尺的高度。若是九萬里，早就抵達外太空了。

原 《齊諧》者，志怪者也。《諧》之言曰：「鵬之徙於南冥也，水擊三千里，摶扶搖而上者九萬里，去以六月息者也。」野馬也，塵埃也，生物之以息相吹也。天之蒼蒼，其正色邪？其遠而無所至極邪？其視下也，亦若是則已矣。

——《莊子‧逍遙遊》

莊子「語不驚人死不休」的用意，是要我們放棄一般的想像力，再隨著他去思索更深刻的問題。飛得夠高，才可以自由翱翔而不費力氣；飛得夠高，才可以從天上回顧地球，看出地球原來與天上一樣美。有距離才有美感，不是如此嗎？既然如此，我們在世間若能減少各種欲望與執著，不是更能以審美的心情去觀賞周遭發生的一切嗎？

【精神三變】

莊子以「大鵬南飛」寓言來勉勵我們從事修練工夫，藉此展現人類生命的不凡潛能。人類生命最大的特色是有待自己開發與發展，所謂「取法乎上，得乎其中」即是此意。如果以為莊子的說法過於虛玄，那麼不妨參考十九世紀德國哲學家尼采（F. Nietzsche，1844-1900）的觀點。

尼采寫過《查拉圖斯特拉如是說》一書，其中描寫查拉圖斯特拉上山隱居修行，十年之後悟道，一天清晨起來，面對太陽說：「偉大的星球啊！如果沒有你照射的這一切，你的光明又有何用？」他的意思是，自己就像太陽一樣，擁有無限的智慧之光，但是光明存在的目的，是照耀大地，使別人可以分享。於是，他下山回到人間，向眾人宣講他的哲理。

這本書既不是小說，也不是論述，而是像隨筆散文一般，充滿了各種寓言。例如尼采在這本書中說：人的精神會經歷三種變化。首先是變成駱駝，然後是變成獅子，最後變成了嬰兒。

所謂駱駝，就是聽別人對你說「你應該如何」，意即你是被動接受命令去做事。我們小時候，不是凡事都依父母的指示與老師的教導去行動嗎？如果完全讓我們自由選擇，我們反而會有不知所措之感。西方社會近代以來鼓吹自由，但是許多人寧可放棄自由也不願承受隨之而來的責任。由此可見，「被動」是人類生活的初步階段，並且不是人人都有決心擺脫這個階段。

其次，到了獅子階段，就是你對自己說「我要如何」。通常到了上大學的年紀，遠離父母的視線，教授又標榜培養自主的性格，這時如果覺醒就可能成為獅子，可以由被動走向主動。一個人知道自己「要什麼」，代表他的生命獨立，可以勇敢負起應盡的責任。勇者難免孤獨，還須經常忍受別人的質疑或嘲諷，就像莊子筆下的大鵬受到蟬與小鳥的譏笑一樣。但是如果無法跨出這一步，生命又有什麼價值可言？一生之中只會說「我們」、「大家」，而不能自覺「我」自己所要的是什麼，那真是一種浪費啊！當然，這樣說並不意味要做個「唯我論者」，好像宇宙是以我為中心在運轉。因此，精神還須向上一躍，轉化為嬰兒。

嬰兒又代表什麼？就是：你現在可以說「我是」。在外語中，「我是」所用的是現在式，意即對於眼前的處境，無論好壞，都可以肯定及接受，並且視為全新的開始。正如嬰兒，充滿無限的希望，擁有無限的可能。許多聖哲樂於用嬰兒作比喻，像老子期許我們「復歸於嬰兒」，孟子認為「大人者，不失其赤子之心者也」，耶穌宣稱「讓小孩子到我面前來，因為天國是他們的」。人在經歷成長的考驗之後，還能像嬰兒一般單純，滿心喜悅地看待這個世界，這實在是修行的最高境界。

嬰兒對於父母完全依賴，有如人對道的無比信心；由於道無所不在，所以嬰兒的有待轉變為無待，他不必等待條件成熟才去做任何事，因為他原本並沒有任何事是「非做不可」的。愛怎麼做，就怎麼做；該停下自然就停下，這不是像大鵬到了九萬里的高空，不費力氣就順風而行一樣嗎？

嬰兒沒有「目的」要去完成，所以生命的每一剎那都是目的，於是在任何情況下都有歡樂的情緒，由此使得存在即是喜悅。尼采所謂的「精神三變」，是對所有人所做的期盼，但是真能如此依序轉變的，永遠是少數。同樣地，在莊子筆下，能由鯤變鵬，再往上高飛的也是極少數。這種艱難的挑戰所帶來的成果豐富，值得我們一試。

【人生方向】

在「大鵬南飛」寓言中，莊子提到一些小東西對大鵬的譏諷，正好可以反映凡人如何看待像莊子這樣的哲學家。莊子知道自己在說些什麼，同時也很清楚別人會如何嘲笑他：

蟬與小鳥譏笑大鵬說：「我們一縱身就飛起來，碰到榆樹、枋樹就停下來，有時飛不高，落在地上也就是了。何必升到九萬里的高空，再往南飛去呢？」

水澤邊的麻雀譏笑大鵬說：「牠要飛到哪裡去呢？我一跳躍就飛起來，不到幾丈高就落下，在蓬蒿草叢中翱翔，這也是飛行的絕技啊！牠還要飛到哪裡去呢？」

一般人很早就不得不面對現實，接受命運的擺布，正如法國啟蒙思想家盧梭（J. J. Rousseau，

原 蜩與學鳩笑之曰：「我決起而飛，搶榆枋而止，時則不至而控於地而已矣，奚以之九萬里而南為？」

斥鴳笑之曰：「彼且奚適也？我騰躍而上，不過數仞而下，翱翔蓬蒿之間，此亦飛之至也！而彼且奚適也？」

——《莊子．逍遙遊》

1712-1778）所云：「人類生而自由，但到處都是枷鎖。」最大的枷鎖是世間相對的價值觀，認定人生的目標不外乎長壽、財富、官位與聲名等等，忽略了自我提升轉化才是正確的選擇。

何必飛得那麼高呢？意思正是：何必對世俗價值擺出清高的姿態？何必嚮往崇高的理想？何必堅持自我超越的道路？我們這些小東西（莊子用「蟲」來描寫）也懂得飛行的絕技啊！要飛到處可以飛，何必升到九萬里，再往南方飛去呢？

在古人的觀念中，南方是代表太陽的光明地區。《易經》上說「聖人南面而聽天下，向明而治」，是說他面向南方，可以光明正大治理百姓。就一般的鳥來說，南方或北方未必有什麼特定含意，如「螳螂捕蟬」中的怪鵲，是從南方飛來的；又如莊子告訴惠施的「鵷鶵」比喻，也說是由南海飛向北海的。但是在「大鵬南飛」寓言中，既然先談到由鯤變鵬，又談到大鵬高飛，那麼牠「飛向南方」自然引人深思了。

人的生命必須先求減少物質上的束縛，再逐漸化解精神上的束縛，才有可能高飛遠引。這時若無特定的方向，前面各項修練步驟就可能成為無根之木、無源之水。所謂「方向」，可以理解為精神的家鄉。一個人生於何時，成長於何處，並非自己所能決定；我們對自己的家庭背景、受教育過程、所交往的朋友、所加入的行業，也有相當大不由自主的成分，唯一可以自由選擇的，是自己的精神家園。

人生不能沒有方向，這方向最好是精神上的追求，並得益於古人智慧的滋養。找到了這樣的方向，人生就會煥發驚人的光彩。

在莊子看來，只有老子可以稱為「古之博大真人」。他自己呢？當然更有一番妙境：「思想充實而難以窮究，在上與造物者同遊，在下與超脫生死、忘懷始終的人作朋友。」這是一種幻覺嗎？或者，這是人類精神所能抵達的至美之境？

原 彼其充實不可以已，上與造物者遊，而下與外死生無終始者為友。

——《莊子．天下》

第三講　開放的胸懷

相對的標準形成判斷，大之外還有更大，小之內還有更小。

要從多遠的距離，才能把地球看成一顆小乒乓球，進而把中國看成一粒米呢？答案自然是外太空了，而且這個距離還遠在月亮之外。年輕時聽方東美先生上課，他談到莊子時，總是再三強調莊子是太空人，若非如此，又怎能表現這種不凡的見識呢？

當然，莊子不可能真是太空人，他所運用的是卓越的想像力。當我們仰望夜空，看到天邊一顆星星在閃爍，那麼是否也能從星星的角度回顧我們所在的地球，然後發現地球在宇宙裡面其實並不大？若是如此，我們又何必過於在意自己在世間擁有多少東西呢？給你整個地球吧，那只不過是一顆乒乓球而已。莊子怎麼得出這樣的結論？他的思索過程應該可以帶給我們不少啟發。

【望洋興嘆】

這是《莊子．秋水》裡的故事：

秋天的雨水隨著季節來臨，千百條溪流一起注入黃河，河面水流頓時寬闊起來，使兩岸及沙洲之間遠遠望去，連對面是牛是馬都無法分辨。

原　秋水時至，百川灌河，涇流之大，兩涘渚崖之間，不辯牛馬。於是焉河伯欣然於是黃河之神河伯得意洋洋，以為天下所有的美好全在自己身上了。他順著水流向東而行，到了北海，朝東邊看過去，卻看不到水的盡頭。這時河伯才改變原先得意的臉色，望著海洋，對北海之神海若感嘆說：「俗話說：聽了一些道理就以為沒人比得上自己。這就是在說我了。而且我曾經聽人鄙薄孔子的見識而輕視伯夷的義行，起初我不相信；現在總算目睹了你難以窮盡的廣大。我要是不到你這裡來就糟了，將永遠被有道之士看笑話了。」

在上述寓言中，河伯原先的得意是可以理解的，連古人二點零的視力都看不清彼岸站著的是牛還是馬，誰曾見過內陸有這麼大的河呢？等到他面對海若時，發現大海連對岸都看不見，立即覺悟自己其實非常渺小，於是改變態度向海若坦承自己的幼稚無知。河伯的表現已經值得肯定

自喜，以天下之美為盡在己。順流而東行，至於北海，東面而視，不見水端。於是焉河伯始旋其面目，望洋向若而嘆曰：「野語有之曰：『聞道百，以為莫己若者』，我之謂也。且夫我嘗聞少仲尼之聞而輕伯夷之義者，始吾弗信；今我睹子之難窮也，吾非至於子之門則殆矣，吾長見笑於大方之家。」

——《莊子‧秋水》

了。

他在推崇海若的廣大時，聯想到孔子與伯夷，認為自己應該同時化解世俗對知識與行為的判斷。誰的學問好，誰的德行高，這些都是相對標準所形成的判斷，正如有了河岸才可衡量河的寬度。若是一望無際，又何從斤斤計較誰優誰劣？

河伯接受現實，認為海若才稱得上大。海若會不會像河伯一樣自鳴得意呢？他說：「井底之蛙不可以同牠談海，因為牠受到空間的拘束；夏天的蟲不可以同牠談冰，因為牠受到時間的限制；褊狹之士不可以同他談道，因為他受到禮俗的束縛。現在你離開河流看到了大海，總算知道自己的醜陋，這才可以同你談談大道的條理啊！」

世間有多少人可以擺脫「井蛙、夏蟲、曲

原 北海若曰：「井蛙不可以語於海者，拘於虛也；夏蟲不可以語於冰者，篤於時也；曲士不可以語於道者，束於教也。今爾出於崖涘，觀於大海，乃知爾醜，爾將可與語大理矣。……吾在於天地之間，猶小石小木之在

士」的處境呢？海若最可貴的一點，就是明白自己也是渺小的存在。所以，從這一段話開始，他無異於莊子的化身，講出許多大道理。

關鍵的語句出現了。海若說：「我存在於天地之間，就好像小石頭、小樹木存在於大山之中。這麼渺小的存在，又怎麼會以為自己了不起！這樣算起來，四海存在於天地之間，不是像螞蟻洞存在於大湖泊中嗎？中國存在於四海之內，不是像小米粒存在於大穀倉裡嗎？」

「太倉稊米」的典故就出於此處。當時莊子所說的「太倉」還只是指「四海」而言，若是真的擺在宇宙中來看，整個地球也不過是個小黑點啊！

後續討論越來越深刻。既然如此，我能否就此分辨大與小？不能，因為大之外還有更大，小之內還有更小，這兩個方向都是無窮的，所以無

大山也。方存乎見少，又奚以自多！計四海之在天地之間也，不似礨空之在大澤乎？計中國之在海內，不似稊（ㄊㄧˊ）米之在太倉乎？」

——《莊子．秋水》

從作任何判斷。

大與小是相對的，更重要的是，對於一物貴賤的評價也是相對的。大小可以就外貌作淺顯而粗疏的判斷，雖然這種判斷不精確，還不失為有些用處。譬如你要載運貨物，必須知道大船可以在黃河上航行，而不能在小溪中前進。至於貴賤的評估，則複雜多了。莊子說：「以物觀之，自貴而相賤。」

花若可以說話，會肯定自己最美；但是小草會覺得自己醜嗎？大樹會覺得自己色彩單調嗎？白雲會認為自己沒有恆性嗎？推而至於動物世界，再到人類的眾多族群、眾多社團，試問哪一個不是「以自己為貴而互相賤視」？

在此，莊子提出〈秋水〉一文的核心觀念，也是道家的主要思想：「以道觀之，物無貴賤。」從道的立場來看，萬物沒有貴賤之分。這種「一往平等」的觀點，使萬物可以安分知足，而悟道者也不妨由此欣賞萬物自身的美妙了。

【打破狹隘看見美】

美國作家梭羅（H. D. Thoreau，1817-1862）寫過《湖濱散記》一書，描寫他獨自一人在湖邊住了兩年兩個月的心得。

作為哈佛大學哲學系的畢業生，他想按照智慧的啟示，過簡單、獨立、大方、自在的生活。一個人想活下去，所需要的並不多；但是想活得有意義，就須仔細琢磨了。他說：「人在泥土裡生了根，之後為什麼不能向天空伸展呢？」只要活得下去，就應該提升心智與精神，向上仰望，尋求更高的覺悟。

梭羅獨居於湖畔，自然受到附近農民的注意。有時候他去農莊買些物品，別人難免表示關心，問他說：「你一人住在那兒，一定很寂寞，想與人接近一下吧？特別是遇到下雨的白天或夜晚。」

梭羅說他這時只想這樣回答：「我們居住的整個地球，在宇宙中不過是個黑點。你想像一下，它上面兩個相隔最遠的人，又能距離多遠呢？為什麼我會覺得寂寞？」談到這裡，我們很自然會聯想到莊子「太倉稊米」的比喻。莊子不但認為中國在四海之內像是一粒米，他後來又說：「天地就像一根手指。」

梭羅又引申出什麼觀點呢？先說「寂寞」吧。他說：「使一個人與人群隔開而感到寂寞的，是怎樣的空間呢？我已經發現了，無論兩條腿怎樣努力，也不能使兩個心靈更為接近。」如果兩個人觀念不同或缺乏默契，就算同處一室，天天見面，也無助於化解寂寞啊！

其次，我們何不回歸大自然，欣賞一切生命的原來面貌呢？當你發現天地像一粒米那麼小，那麼同處於這粒米上面的萬物，又何必再分什麼貴賤高低或美醜好壞呢？梭羅全書最精采的地方，即是他對小生物的讚美。

他說：「野公雞在樹上啼叫，嘹亮而尖銳的聲音，數里之外都能聽到，大地為之震盪。這可以使全國都警戒起來。……牠永遠健康，嗓子永遠嘹亮，精神從未懈怠過。」「黃昏中，遠方的地平線上有些牛在叫，聲音傳到林中聽起來很甜美，旋律也優雅，起先我以為是遊唱詩人的歌喉……說到最後，都是大自然的聲音啊！」……「一隻赤松鼠跑向雪地，像一張葉子似的給風溜溜地吹過來了；一忽兒牠向這個方向跑了幾步……一忽兒牠向那個方向跑了幾步，但每一次總不超出半竿之遙；接著突然間做了一個滑稽的表情停了步，翻了一個優雅的跟斗，彷彿全宇宙的眼睛都在看著牠——因為一隻松鼠的行動，即使在森林最深最寂寞的地方，也像舞女一樣，似乎總是有著觀眾在場的。」

再看這一段：「有一次，一隻麻雀在我鋤地園圃中之時，飛到我肩上來停落。

當時我覺得，我可以佩戴任何肩章，卻都比不上這一次的光榮。」

梭羅由於敞開了心胸，不再從人的狹隘觀點去看待萬物，所以發現了每一樣東西的妙趣。

那麼，梭羅對於人類本身又有何種評價呢？他之所以獨居湖邊，就是想看看自己能否只靠最少的資源生活下去，也顯示了他對當時一般社會風氣的厭惡，所以離他最近的鄰居也在一英里之外。他說：「唯有站在甘貧樂苦這有利的地位上，我們才能成為無私的、聰明的觀察者，可以觀察人生。在奢侈生活中，無論農業、商業、文學或藝術的果實，都是多餘的。」「近來哲學教授滿天飛，哲學家卻一個也沒有。」

當莊子藉海若之口說「以道觀之，物無貴賤」時，他所想的除了萬物沒有貴賤之分，也對人類社會各種價值觀作同情的理解，所以他說，堯與桀都肯定自己而否定對方。換言之，道家連這一點也要超越。這其中應該還有不少值得深究的地方。

【隨時變通的智慧】

學習莊子思想，必須像佛學裡的「上下雙回向」一樣，先往上超升，擺脫物質欲望、世間名利、價值觀念的束縛；然後往下回到現實生活，在各種處境中怡然自得。如果只知上回向，看到世間的煩惱與痛苦就避之惟恐不及，就無異於消極的遁世主義，終身隱居山上，當然也不必留下任何著作了。

莊子的可貴，在於他能向上也能向下，言行表現與人無爭也無怨，內心卻不受任何拘限，可以隨遇而安。在西方可以找到類似的例子。羅素在《西方哲學史》中非常推崇荷蘭哲學家斯賓諾莎（B. Spinoza，1632-1677），說他「生活簡樸，思想高貴」。斯賓諾莎成名之後，德國海德堡大學致函聘請他擔任講座教授，他想了一會兒，說：「我現在的生活已經不錯了，為什麼要改變呢？」委婉拒絕了邀請。

〈秋水〉篇在說明「物無貴賤」之後，進而指出，萬物不是真的沒有貴賤之分，而是要依時機而定，這在人間特別明顯。堯與舜因為禪讓而傳承帝位，燕王噲與子之卻因為禪讓而導致亡國；商湯、周武王靠爭奪而稱王，楚國白公卻因爭奪而死亡。由此看來，爭奪與禪讓的禮制，堯與桀的所為，是貴是賤靠時機，不可一成不變。世間的情況確實如此，不能變通無異於自絕生路。判斷如何變通，則需要豐富的知識，再加上超然的覺悟，不然即使知道該怎麼做，也未必做得到。

再進一步觀察萬物，會發現一物之貴賤，依器用、技能、本性而定。例如棟樑可以衝撞城門，卻不可以堵塞小洞，這是因為器用不同；騏驥驊騮這樣的良馬可以一日奔馳千里，但是捕捉老鼠的本事不如野貓與黃鼠狼，這是因為技能不同；貓頭鷹晚上能抓跳蚤，看清毫毛，但是大白天張著眼睛也看不到山丘，這是因為本性不同。

這段話應用在我們的日常生活上，也有一些啟發。譬如我們可以調整上述三個條件的順序，培養青少年時，先考慮：一、他天生的「本性」適合從事何種專業學習？二、他習得的「技能」可以在什麼行業得到發揮的機會？三、他具備的「器用」可以在什麼地方施展開來？雖說「天生我才必有用」，但問題在於須先了解自己的

原 昔者堯、舜讓而帝，之、噲讓而絕；湯、武爭而王，白公爭而滅。由此觀之，爭讓之禮，堯、桀之行，貴賤有時，未可以為常也。梁麗可以衝城，而不可以窒穴，言殊器也；騏驥驊騮一日而馳千里，捕鼠不如狸狌，言殊技也；鴟鵂夜撮蚤，察毫末，晝出瞋目而不見丘山，言殊性也。

——《莊子．秋水》

「才」是什麼，而且這種「才」可以用在何處。所以找到適合自己的工作，比找到別人羨慕的工作更重要。

海若回答河伯的一系列提問，其中也談到了「道有什麼可貴的呢」這個問題。這等於直指核心，要莊子掀開道家的底牌了。這無異於問：既然萬物沒有貴賤之分，人間的作為也沒有客觀的標準，那麼我們一般人學不學道家，或者懂不懂「道」，又有什麼差別呢？

答案是：了解道的人，必須通達條理；通達條理的人，必定明白權宜；明白權宜的人，不會因為外物而傷害自己。保存至高天賦的人，火不能燒傷他，水不能淹沒他，嚴寒酷暑不能損傷他，飛禽走獸不能侵害他。這不是說他敢於接近這些東西，而是說他能夠明察安危，善處禍福，謹慎進退，因此什麼也不能傷害他。

原 知道者必達於理，達於理者必明於權，明於權者不以物害己。至德者，火弗能熱，水弗能溺，寒暑弗能害，禽獸弗能賊。非謂其薄之也，言察乎安危，寧於禍福，謹於去就，莫之能害

結論是：自然存於內心，人為表現在外，天賦就立於自然之中。了解人的行動是本於自然而處於天賦之中，就可以在進退時屈伸自如，回歸根本而體悟源頭了。

因此，從「太倉稊米」的比喻，到「物無貴賤」的觀點，並不是要我們消極無為或者放棄職責，而是希望我們有開放的胸懷，不要心存偏見，執著於特定的觀念，妄加分辨大小與貴賤，因而為自己，也為別人帶來困擾與痛苦。

〈秋水〉是《莊子》全書非常重要的一篇，其中河伯向海若請教的問題，可謂層層深入，直探道家的根本立場。此篇結尾則是莊子與惠施有關「魚快樂嗎」的著名辯論，我們將在第十四講仔細討論這一問題。

也。故曰：天在內，人在外，德在乎天。知乎人之行，本乎天，位乎得，蹢躅而屈伸，反要而語極。

——《莊子．秋水》

第四講

避開情緒的干擾

人生的起伏變化有如大海上的波濤，表面熱鬧洶湧，底下卻沉靜安穩，二者同在大海之中。

有些今天流行的成語或俗語，早就脫離它最初的意義了。例如現在一般人所說的「八卦」，是指沒有什麼根據或者有根據而尚未證實的小道消息；但是原本的「八卦」是指《易經》的基本象徵及其原理，含意深刻並且代表古人的高明智慧。

這種脫離原意的情況還有不少，「朝三暮四」就是一個例子。這個成語在古代典籍中不止一次出現，但是以《莊子》書中最廣為人知。現在說某人「朝三暮四」，等於批評他沒有恆心，見異思遷，說話不守信，是個不可靠的人，但是莊子的原意卻是另一回事。

那麼，《莊子》中的「朝三暮四」是什麼意思呢？對我們現代人又有什麼啟發呢？

【朝三暮四】

這是《莊子・齊物論》裡的故事：

有一個養猴子的人用栗子餵猴子，說：「早上三升，晚上四升。」猴子聽了都很生氣。他改口說：「早上四升，晚上三升。」猴子聽了都很

原 狙公賦芧，曰：「朝三而暮四。」眾狙皆怒。曰：「然則朝四而暮三。」眾狙

高興。名與實都沒有改變，而應用之時可以左右猴子的喜怒，這也是順著狀況去做啊！

乍看之下，這段文字似乎在表現猴子的愚笨，不知道三加四等於七，四加三也等於七；同時，猴子的喜怒反應太快，容易受人擺弄。

實際上，既然是寓言，就往往用來比喻人間的情況。例如有些人少年得志，另外一些人大器晚成，前者可以看作「朝四暮三」，年輕時得意洋洋，喜上眉梢；後者則可以看作「朝三暮四」，要苦撐到中年以後才有機會施展才華，年輕時卻又累又怨的。莊子的意思是，何不把人生看成一個整體呢？就像猴子一天的食物，先取三升或四升，最後總和都是七，根本沒有任何差別，何必為此鬧什麼情緒呢？

這篇寓言的內容並不單純，莊子試圖化解一切差異，看出萬物相通的奧祕。

皆悅。名實未虧，而喜怒為用，亦因是也。

——《莊子．齊物論》

他說：「因此之故，像樹枝與屋樑，醜人與西施，以及各種誇大、反常、詭異、奇特的現象，從『道』看來都是相通為一體的。有所分解，就有所生成；有所生成，就有所毀滅。所以萬物沒有生成與毀滅，還會再度相通為一體。只有明理的人知道萬物相通為一體，因此不再爭論而寄託於平庸的道理上。」

他接著說：「平庸，就是平常日用的；平常日用的，就是世間通行的；世間通行的，就是把握住關鍵的。能到把握關鍵的地步，就接近道了。這正是順著狀況去做，達到此一階段而不知其中緣故，就叫作『道』。大家費盡心思去追求一體，卻不知萬物本來就是相同的。這就叫作『朝三』。」

下面接著出現的，就是剛才那段「朝三暮四」的故事了。由此可知，莊子所揭示的是「萬

原 故為是舉莛與楹，厲與西施，恢詭憰怪，道通為一。其分也，成也；其成也，毀也。凡物無成與毀，復通為一。唯達者知通為一，為是不用而寓諸庸。庸也者，用也；用也者，通也；通也者，得也。適得而幾矣。因是已。已而不知其然，謂之道。勞神明為一，而不知其同也，謂之「朝三」。

——《莊子・齊物論》

物在道之中相通為一體」的觀點。我們現在常說「平常心是道」，一般人以為這是佛教勸人不要執著，應以平常心面對自己的遭遇；事實上，《莊子》一書早已揭示過這個道理了。

學習道家，必須了解這個學派為什麼要提「道」這個概念。簡單說來，就是為變遷無已的宇宙與人類生命，找到起源與歸宿。如果沒有「道」，則眼前萬物不是有如過眼雲煙，最後全屬幻象嗎？人類的一切努力與願望，不是自欺欺人的騙局嗎？為了化解這種虛無主義的危機，只有肯定「道」才有出路。

在肯定「道」是萬物的起源與歸宿時，萬物也因而形成一個不可分割的整體。萬物如此，人類是萬物之一，自然也是如此；人類如此，個人呢？就個人的一生而言，也不妨視之為一個整體，只是這個整體由於「當局者迷」的緣故，常在「朝三暮四」與「朝四暮三」之間計較，因而生出各種複雜而惱人的情緒。

情緒的力量很大。現代人除了關心智商之外，也認真面對情商（E.Q.）的問題了。

【眼光放遠就能樂觀】

莊子在「朝三暮四」寓言中，以猴子的反應來提醒我們，不要因為忽略整體而陷入喜怒不由自己的困境。由此看來，莊子還算是樂觀的，認為如果正確使用理性，就可以避開情緒的干擾。

類似的樂觀態度，在哲學家斯賓諾莎的書中可以見到。他說：「不要哭，不要笑，要理解。」人對自己的遭遇，常常是得意時開懷大笑，失意時低頭啜泣。這樣難免陷入哭笑不得的窘境，原因在於未能明白：得意與失意，其實是一連串因果關係所形成的。

例如一個學生日夜不停地用功讀書，有時累得睡著了，醒來時眼中還有淚珠；當他考上理想的大學時，連做夢都會帶著微笑。請問這是怎麼回事？是他先前受到詛咒，而後來蒙受神佑，以致他必須先哭後笑嗎？或者，這一切其實都是環環相扣的因果所形成的？斯賓諾莎認為：我們以為自己在自由選擇，而事實上，只要澄清因果關係，就必須承認，所有的一切都在一個大的羅網之中。

老子說：「天網恢恢，疏而不失。」（七十三章）我們平常念到這句話，心中所想的都是做壞事的人休想逃得過法網。事實上，老子這句話帶有普遍意義，「天網」是指整個大自然或宇宙萬物所形成的「天羅地網」，在其間沒有任何事情是沒有理由或莫名其妙而發生的。我們往往因為找不到理由就說某件事情是偶然的，正如遇到挫折時，往往認為是命運或鬼神在捉弄。

據《情緒智商》（E. Q.）一書的作者所引述，十六世紀荷蘭人文學者伊拉斯莫斯（D. Erasmus，1466-1536）認為感性的力量遠大於理性。他說：

「朱比特（羅馬人所信奉的天神）賦與人類的激情遠勝於理性，比例大約是二十四比一。他發明了兩大暴君（憤怒與欲望）與單槍匹馬的理性相抗衡。當然，雙拳難敵四掌，凡夫俗子的生活就是最佳見證。勢單力薄的理性聲嘶力竭地一再鼓吹美德的藥方；憤怒與欲望卻大肆詛咒，愈來愈囂張跋扈，到最後天神也無可奈何，只好棄械投降。」

情緒的力量是否真的比理性大了二十四倍？這是怎麼計算出來的？這樣的問題恐怕沒有讓人滿意的答案。但無可否認的是，想充分發揮理性的作用，確實必須經過嚴格的自我修練。我們說莊子與斯賓諾莎是樂觀的，並不是說他們天真地以為人的理性勝過情緒，而是說他們認為人類有希望借助「理性」的了解，而減輕、化解或主導情緒的反應。

至於如何做到這一步，則方法大致相同，就是從「整體」來看待自己的處境。

這個整體也包括時間在內，也就是說，把過去、現在、未來看成整體。這樣一來，離「永恆」也不遠了。因此，斯賓諾莎提醒我們，從「永恆」的角度來看待萬物。例如人在一生之中難免會有得失與成敗，如果從「永恆」來看，不是可以淡然處之嗎？「是非成敗轉頭空，青山依舊在，幾度夕陽紅。」這種話聽來有些傷感，但也不離事實真相啊！

莊子以樂觀取代傷感，因為他更重視「整體」，而這個整體即是「道」。現代人想提升自己的E.Q.，不妨從西方學者的著作入手，其中有各種個案的分析與統計數據，也有一些具體可行的方法。但是若想真正超越情緒帶給人的煩惱，最好的辦法還是學習莊子，從他的「朝三暮四」寓言著手，試著了解人生的起伏變化其實有如大海上的波濤激盪，表面熱鬧洶湧，底下卻沉靜安穩，而最後依然都在大海之中。

【擺脫牽掛與計較】

當我們心中明白「整體」是怎麼回事，就不會造成太多情緒干擾。例如遇到全球金融風暴的危機時，許多人的股票都跌了，因而產生懊惱、自責、悔恨、憤怒等負面情緒。這時如果能以十年作為一個整體，就不必擔心，因為很可能不需十年，一切都將恢復欣欣向榮的美景。但是這樣的美景會持續多久呢？不論有多久，隔些日子一定又會往下落。股票市場如此，人生又何嘗不然？

若是僅僅隨外在的形勢而喜怒哀樂，人生不是只剩下情緒反應，整天不是哭就是笑了？以十年為整體，已經可以化除這樣的困境，如果以一生為整體，所考慮的是什麼？有些話雖然通俗，但頗有理趣，如「生不帶來，死不帶去」這八個字，難道不能讓我們覺悟嗎？何況還有「比上不足，比下有餘」這種近似阿Q的想法，可以讓我們釋懷呢！

在〈寓言〉篇中，莊子以曾參為例，提醒我們心中不要有牽掛。這當然是莊子自己編的故事了：

曾子第二次做官時，心境又起了變化。他說：「我先前做官時可以奉養雙親，只有三釜的俸祿而心裡很快樂；後來做官時，有三千鍾的俸祿而不及奉養雙親，我心裡很難過。」別的弟子請教孔子說：「像曾參這樣，可以說心中沒有牽掛著利祿吧？」孔子說：「已經有所牽掛了。如果是無所牽掛的人，哪裡會有哀傷呢？他看待三釜、三千鍾，有如看到鳥雀、蚊虻從眼前飛過去一樣。」

這段故事並非真事，孔子過世時，曾參才二十七歲，即使曾做過小官，也不可能後來做了大官而俸祿多了一萬倍。當然，這裡的孔子無異於代表道家來發表高見。曾參以孝順知名，而孝順以誠心為主，不必考慮自己待遇多少或以何種方式奉養父母。道家沒有理由反對像孝順這種出於自然本性的情感要求，他們擔心的是「有所牽

原 曾子再仕而心再化，曰：「吾及親仕，三釜而心樂；後仕，三千鍾而不洎（ㄐㄧˋ），吾心悲。」

弟子問於仲尼曰：「若參者，可謂無所縣其罪乎？」曰：「既已縣矣。夫無所縣者，可以有哀乎？彼視三釜、三千鍾，如觀雀蚊虻相過乎前也。」

——《莊子・寓言》

掛」。

人有牽掛，則難以擺脫情緒的控制。曾參的牽掛是：自己的俸祿無法用來奉養父母。他的孝心讓人感動，卻未能理解孝順父母時，俸祿根本不是重點。這一點將來談到莊子的孝順觀念時，會有較詳細的說明。我們特別欣賞莊子的是，他認為三釜或三千鍾有如「鳥雀、蚊虻從眼前飛過去一樣」，對悟道的人不會造成任何差別。因為這些是「量」方面的多與少，原本不應影響到「質」的高與低。就「質」而言，除了內心的真情之外，就是理解一切都在「道」之中形成一個整體。

所謂「有真情而無情緒」，還需再作分辨。在〈德充符〉篇中，莊子與惠施談及「無情」的問題時說：「我所謂的無情，是說人不要讓好惡之情傷害自己的天性，而是經常順應自己如此的

原 吾所謂無情者，言人之不以好惡內傷其身，常因自

狀態，而不要刻意去養生。」

人的天性要求孝順，就順著它去孝順。所謂「刻意去養生」，就是存著牽掛之心特別做到某一件事。一旦出現「刻意」，就會帶來情緒上的壓力，做到了當然喜悅，沒做到難免生氣。這中間分寸的拿捏並不容易，所以莊子認為連曾參都尚未達到他所要求的標準。

人生修練的目的在於智慧方面的覺悟，以及行為方面的改變。作為普通人，我們不可能只看到永恆而不看現實的情況，我們要學習的是，處理自己的情緒問題時，要有長遠完整的眼光，避免被一時一地的狀況所局限。即使真的像莊子一樣，一輩子都遭時不遇，有志未伸，何妨趁此機緣領悟道家奧妙的見解呢？世人眼中的不幸，在道家看來可能是一大幸事呢！

然而不益生也。

——《莊子・德充符》

第五講

透視生命的肌理

莊子談養生，不只是單純的順其自然，還須具備X光的透視智慧。

庖（ㄆㄠˊ）丁是廚房的工人，他所負責的是殺牛。殺牛這種血淋淋的場面有什麼好談的？一般人避之惟恐不及。儒家的孟子說過「見牛未見羊」的名言，齊宣王看到被人牽去宰殺的牛恐懼發抖，便下令放牛一條生路，再用羊來代替。孟子提醒他，羊也會害怕發抖而讓人不忍心，那麼何不進而可憐那些受苦受難的老百姓呢？孟子還由此論斷「君子遠庖廚」，最好少看這些殺生的事。

莊子的風格大不相同。對於真實的情況，我們不宜表現主觀的好惡，而只應作客觀的理解。理解之後，說不定還可以欣賞呢！他的欣賞不只局限於審美意境，還顯示了養生的道理。

【庖丁解牛】

這是《莊子．養生主》裡的故事，內容較長，開頭是這麼說的：

庖丁為文惠君宰牛，他手所接觸的，肩所倚靠的，腳所踩踏的，膝所抵住的，無不嘩嘩作響；刀插進去，則霍霍有聲，無不切中音律。既

原 庖丁為文惠君解牛，手之所觸，肩之所倚，足之所履，膝之所踦，砉然嚮然，

配合〈桑林〉舞曲，又吻合〈經首〉樂章。文惠君說：「啊！好極了！技術怎能達到這樣的地步呢？」

庖丁殺牛的肢體動作有如表演一齣舞蹈，他殺牛所發出的聲音無異於演奏一曲樂章。這是我們難以想像的畫面。文惠君看得目瞪口呆，對這樣的技術不禁發出讚嘆。

接著一大段話是庖丁敘述自己的心得。他依次說明自己的練習過程與操作技巧，以及完工之後的滿意狀態。先以練習過程來說。庖丁聽到文惠君的稱讚，就放下刀，回答說：

「我所愛好的是道，已經超過技術的層次了。我最初宰牛時，所見到的是一整隻牛；三年之後，就不曾見到完整的牛了。以現在的情況而言，我是以心神去接觸牛，而不是用眼睛去看牛。感官作用停止而心神充分運作。依照牛自然

奏刀騞然，莫不中音，合於〈桑林〉之舞，乃中〈經首〉之會。文惠君曰：「嘻，善哉！技蓋至此乎？」

庖丁釋刀對曰：「臣之所好者道也，進乎技矣。始臣之解牛之時，所見無非牛者；三年之後，未嘗見全牛也；方今之時，臣以神遇而不以目視，官知止而神欲行。依乎天理，批大卻，導大窾，因其固然。枝經肯綮之未嘗，而況大軱乎！良庖歲更刀，割也；族庖月更刀，折也。今臣之刀十九年

的生理結構，劈開筋肉的間隙，導向骨節的空隙，順著牛本來的構造下刀。連經脈相連、骨肉相接的地方都沒有碰到，何況是大骨頭呢？」

庖丁經過三年的練習，在觀察牛時，用心神代替感官，就像今天的X光透視機一樣，可以直接照出牛的骨架，下刀時自然有其分寸。雖然每一隻牛的外表體形差異很大，但只要是牛，都有類似的結構。這段話中最關鍵的兩個語詞是「依乎天理」與「因其固然」。「天理」是自然的條理，「固然」是本來的樣子。「天理」是普遍的，只要是牛就都一樣；「固然」則是就眼前這隻牛的特殊性而言。兩者搭配起來，庖丁就可以舉重若輕，使技術提升為藝術。

接著談到操作技巧，庖丁說：「好廚師每年換一把刀，因為是用刀割肉；普通的廚師每月換一把刀，因為是用刀砍骨頭。如今我這把刀已經

矣，所解數千牛矣，而刀刃若新發於硎。彼節者有間而刀刃者無厚，以無厚入有間，恢恢乎其於遊刃必有餘地矣。是以十九年而刀刃若新發於硎。雖然，每至於族，吾見其難為，怵然為戒，視為止，行為遲，動刀甚微，謋然已解，如土委地。提刀而立，為之四顧，為之躊躇滿志，善刀而藏之。」文惠君曰：「善哉！吾聞庖丁之言，得養生焉。」

——《莊子．養生主》

用了十九年，宰殺過數千頭牛，而刀刃還像剛從磨刀石上磨過一樣。牛的骨節之間有空隙，而我的刀刃薄得沒有什麼厚度；以沒有厚度的刀刃切入有空隙的骨節，自然寬綽而有活動的餘地了。所以用了十九年，刀刃還像新磨過的一樣。」

這裡出現一句成語，就是「遊刃有餘」。聽起來輕鬆自在，看起來頗有美感，一個人有充分的準備與足夠的能力，做起事來不正是如此嗎？庖丁臨事一點都不草率，他補充說：「雖然如此，每當遇到筋骨交錯的部分，我知道不好處理，都會特別小心謹慎，目光集中，舉止緩慢，然後稍一動刀，牛的肢體就分裂開來，像泥土一樣散落地上。」

庖丁對自己的技藝顯然很是滿意，他繼續說：「我提刀站立，環顧四周，意態從容而志得意滿，然後把刀擦乾淨，收藏起來。」在《莊子》中，描寫人得意的神情，大概沒有超過「為之四顧，為之躊躇滿志」的。在〈田子方〉篇中，莊子描寫孫叔敖在楚國擔任宰相，三上三下都能泰然自若，也使用過類似的筆法，說他「方將躊躇，方將四顧」（我正在躊躇得意，我正在環顧四周）。兩相對照，庖丁比起孫叔敖這位宰相，還多了「滿志」二字。莊子心中並無名利權位的執著，而是專就個人能否安於當下，活出生命精采而論。

文惠君感嘆說：「好啊！我聽了廚師這一番話，懂得養生的道理了。」什麼道理呢？在善待自己的生命時，切忌刻意修練，把握八個字就可以了：依乎天理，因其固然。自然的條理與本來的狀態，都明白了，也都順從了，養生何難之有？何止是養生，人還可以進而志得意滿呢！

【遊刃有餘】

世間許多事情都有其規律，只有了解這些規律，才可以省去無謂的煩惱，在應對時表現出從容的風度。這個道理不但成年人可以領悟，聰明而肯動腦筋的小朋友也可以明白。

《世說新語》是一部記載魏晉時代名人軼事的著作，其中有一個很有名的故事：王戎七歲時，有一天和許多小孩在一起遊戲。路邊有一棵李樹，結了很多李子，把樹枝都壓彎了。小夥伴都跑過去摘李子，只有王戎站著不動。別人問他為什麼不去摘李子？他回答說：「樹長在路邊，卻結了許多李子，那一定是苦的。」那人摘了一顆來嘗，果然是苦的。

這就是「道旁多苦李」的典故。王戎的想法是：如果這些李子是甜的，應該早被別人摘光了。人同此心，心同此理。黎巴嫩詩人紀伯倫（Kahlil Gibran，1883-1931）說過一個類似的故事：有個人種了石榴樹，到了秋收季節，摘了一盤石榴放在家門外，掛著「免費，歡迎自取」的牌子。但是沒有一個過路人停下腳步取走石榴。第二年秋天來臨時，他換上另一面牌子，寫著：「上等石榴，有意購買請付高價。」結果附近的人爭先恐後來買石榴。這是根據人的一般心理所作的調整。

再說一個王戎的故事，也是他七歲時候的事。官府捕到一隻老虎，拔掉虎牙切去虎爪之後，關在宣武場中讓百姓觀賞，像是今日的動物園。王戎也跟著大人去開開眼界。老虎找個機會攀上柵欄大吼一聲，有如平地生雷，圍觀的人紛紛閃躲摔倒，只有王戎靜靜站著，沒有絲毫恐懼的表情。他早已養成事事推理的習慣，清楚知道老虎不可能跳出柵欄，不然早就揚長而去了。

談到遊刃有餘的例子，或許謝安更為接近。淝水之戰中，前秦苻（ㄈㄨˊ）堅調集九十萬大軍進攻東晉，聲勢之大號稱「投鞭足以斷流」。東晉宰相謝安身為總指揮，下令弟弟謝石與姪子謝玄帶兵迎戰。有一天，謝安與客人在家下棋，謝玄從戰場派人送信來。他看完信，默不作聲，繼續慢慢地下棋。客人心中著急，問他戰事勝負如阿，他輕描淡寫地說：「小孩子們大敗敵軍。」神情舉止與平常沒有什麼不同。

胸有成竹是謝安得以從容的條件，就像莊子筆下的庖丁一樣，看清楚敵我雙方的形勢，才能決勝於千里之外。

不過，謝安在那一時刻內心實在充滿了喜悅，只是在客人面前強自掩飾罷了。客人走後，他回內室去，連木屐的屐齒在門檻上磕斷了都沒有察覺。《晉書・謝安傳》說他「矯情鎮物如此」，可見他是多麼在意這場戰爭的勝負了。

人非聖賢，孰能無情？莊子筆下的庖丁不是也在解牛之後躊躇滿志嗎？差別在於：庖丁並不考慮別人對他風度的評價，而是純粹展現了完成任務之後的暢快心情。謝安則十分在意別人的觀察與品評，又壓制不住心中的歡喜衝動，以致木屐齒斷了都不知道。謝安以淝水之戰名揚天下，他的智謀可以戰勝強敵，但未必能夠用來養生。

庖丁則不同。他每一次解牛都可以孕生滿意的情緒，因此他的快樂是日久天長的，是源源不絕的，是與工作相伴而來的。老子說：「知人者智，自知者明。」（《老子》三十三章）「智」使人像王戎、謝安一樣，「明」使人像庖丁一樣。庖丁有自知之明，也能自得其樂，由此方有可能體悟「養生」的道理，讓生命安頓於每一個當下。

【享受自然的壽命】

我們對「天理」一詞覺得熟悉，大概是因為宋明時代的理學家說過「存天理，去人欲」的話。他們認為天理是天所賦予人的良知，純然至善；人欲則是一切錯誤與罪惡的緣由。因此，若想修養成為君子，進而成賢成聖，就須把握這六字箴言。

這種想法不切實際。試問，有誰可能完全去除人欲？真的去除之後，他還是個人嗎？孔子是儒家的始祖，他主張君子有三戒，根據年齡及血氣的狀況而依次戒惕「色、鬥、得」這些毛病。戒惕與去除不同，因為血氣隨身體而生，只可戒而不可去。用什麼來戒呢？用「矩」，包括法律與禮儀等社會規範。孔子描述自己修行心得時，最後階段正是「從心所欲不逾矩」。

換句話說，孔子並未「去人欲」，而是以禮儀規範來調節人欲。因此，比較合理的作法是：協調天理與人欲，再以天理來指導人欲，如此即可大功告成。

現在我們讀到莊子「庖丁解牛」的寓言，發現宋明學者津津樂道的「天理」一詞原來出於莊子的手筆。它的原意與道德無關，更不是後代學者所說的意思，而是非常單純的，就是指自然的條理。用在解牛上面，即是「牛的自然生理結構」。這是由經驗與觀察所歸納的認知心得。只要是牛，無不具此「天理」，所以解牛時要

「依乎天理」。

文惠君由此領悟養生的方法，就是按照人的自然的生理結構，順著春夏秋冬四時的變化，配合山川地理的特定條件，再隨著年齡由幼而老去安排生活。眾人如何，我也如何，不可產生任何過度的意念。既然屬於「人」這一類生物，就讓自己活完自然的壽命，不必捲入身外之物的複雜狀況，也不必幻想長生不老或羽化成仙。

除了「依乎天理」之外，還有「因其固然」，也是養生所不可忽略的。所謂「固然」，是指一物本來的樣子。用在解牛上面，就是指「這一隻牛本來的構造狀態」。天下沒有兩隻牛是完全一樣的，因此庖丁才需要在解牛時特別小心謹慎，目光集中，舉止緩慢。如果牛只有普遍性，庖丁何必如此專注？正因為牛還有特殊性，所以每一次挑戰都是唯一而不可重複的，否則庖丁又何必在解牛之後那麼得意？

從工匠來說，他可以做出工藝品，每天完成多少數量的成品。但是，真正的國寶級藝術品是不可複製的，往往花很長的時間才可能做成一件。庖丁做到「因其固然」，所以每天都處於創作的喜悅中。

從養生來說，對眾人有效的方法，如運動、健身、按時作息、服用補品、打拳、練氣功等等，對你我未必有效。只要用心了解自己的狀況，每個人都可以成為自己最好的老師，也可以成為自己最好的醫師，「久病成良醫」不是大家熟悉的俗話嗎？

關於道家的養生觀，老子說過「長生久視」（《老子》五十九章），但還不是一般人想像中的長生不老，而是悟道而不離根源，以達到平靜安詳，享受自然的壽命。莊子則使用「安其天年」一語，「天年」正是指自然的壽命，它不會因為沉迷於世間利益而提早結束，也不會因為刻意養生而延長。不論是沉迷還是刻意，只要有所執著，就會產生得失之心，這樣即使多活幾年又有什麼好開心的呢？值得留意的，是每個人都有自己的「固然」，那麼除非為了健康的理由，我們又何必去妄圖改變呢？

而所謂「健康的理由」，是今日醫學為人類帶來的福祉。真正是福祉嗎？或者它也隱藏了更大的危機？在計較功過時，恐怕難以求得共識。因此，莊子談養生，不只是單純的順其自然，還須具備X光的透視智慧，明白天理與固然，再謹慎走好每一步。不然，又怎能遊刃有餘？

第六講 在工作中自得其樂

能在工作中自得其樂的人，往往在別人眼中就會顯示一種美感。

不少朋友看過雜技表演，在連連驚嘆與掌聲中，演員在空中疊羅漢、走鋼絲，手上轉盤還旋個不停。他們不靠道具、不用魔術師那種障眼法，而是全憑手腳操練的真實功夫。

子夏是孔子的學生，他說：「雖小道，必有可觀者焉；致遠恐泥，是以君子不為也。」（《論語・子張》）意思是說，就是一般的技藝，也必定有它值得欣賞的地方；不過，長期專注於此，恐怕會陷於執著的困境，所以君子不去碰它。這可以代表儒家的立場。

然而，莊子卻不這麼認為。他偏偏讓孔子成為他書裡的人物，去讚嘆一位技巧高超的黏蟬老人。這是怎麼一回事呢？

【神乎其技】

這是《莊子・達生》裡的故事：

孔子到楚國去，經過一片樹林，看見一個駝背老人在黏蟬，容易得像撿東西一樣。

孔子說：「您的技巧真高明啊，有什麼訣竅

原 仲尼適楚，出於林中，見痀僂者承蜩（ㄊㄧㄠˊ），猶掇之也。

嗎？」

老人說；「我有訣竅。我在竹竿上放兩顆彈丸，經過五六個月的練習不會掉下來，這樣去黏蟬就很少失手了；如果練到放三個彈丸也掉不下來，那麼黏蟬失誤的概率也就是十分之一了；如果再繼續練習到放五個彈丸也掉不下來，黏蟬就好像撿東西一樣了。我站穩身體，好像直立的枯樹幹；我舉起手臂，如同枯樹上的枯枝。天地雖大，萬物雖多，我所察覺的只有蟬翼。我不會想東想西，連萬物都不能用來交換蟬翼，這樣怎麼會黏不到蟬呢？」

孔子回頭對弟子說：「用心專一而不分散，表現出來有如神明的作為。說的就是這位駝背老人啊！」

孔子經常出現在莊子的筆下，這是莊子的「重言」手法，即借重古人來說話，讓我們讀起

仲尼曰：「子巧乎，有道邪？」

曰：「我有道也。五六月累丸二而不墜，則失者錙銖；累三而不墜，則失者十一；累五而不墜，猶掇之也。吾處身也，若厥株拘；吾執臂也，若槁木之枝。雖天地之大，萬物之多，而唯蜩翼之知。吾不反不側，不以萬物易蜩之翼，何為而不得！」

孔子顧謂弟子曰：「用志不分，乃凝於神。其痀僂丈人之謂乎？」

——《莊子．達生》

來更感到興味盎然。這個故事是莊子虛構的，但是其中的孔子不改好學本色，希望知道黏蟬的老人有何訣竅。

老人的回答分為兩段。首先他得經過五六個月的練習，這代表下工夫的階段。這種工夫不太容易理解。我小時候住在鄉下，每逢暑假常常約了同學去黏蟬。蟬的叫聲有如「知了」，樹林中到處都是蟬鳴，道盡了夏天的熱鬧與喧囂。我們使用的工具是長竹竿，一天能捉上十幾隻就不錯了。假如我那時就看過莊子的這則寓言，很可能也會依法練習呢！

但是竹竿上怎麼放上彈丸呢？還從兩顆、三顆，到五顆？我想或許是將彈丸放進小袋子中，再把小袋子繫在竹竿頂端，讓竹竿由於重量而搖晃不已，增加了保持穩定的困難。若非十分困難，又何必練習五六個月？這段期間，技術逐漸內化為本能，手臂與手掌該如何搭配使勁，也成了本能反應了。

光靠技術還不夠。身體訓練好了之後，還需心思專注。「雖天地之大，萬物之多，而唯蜩翼之知。」當你眼中只有蟬翼的時候，蟬翼不是成為無限大了嗎？這位老人黏蟬就像撿東西一樣輕鬆容易，其故在此。

孔子聽了這番話，立即用來開導跟在身後的學生。「用志不分，乃凝於神」一語所描寫的，是人類普遍擁有的潛能及其可觀的表現。學習任何技藝都需要用心專一，否則很難有成就。長期如此努力之後，你在專業技藝方面的表現，在平常人看來，就是「乃凝於神」。在這裡，「凝」字通「疑」與「擬」，為「疑似」之意。

〈知北遊〉篇中，有一則類似的寓言。

大司馬家中有一個做腰帶帶鉤的人，已經八十歲了，他所做的帶鉤沒有絲毫差錯。大司馬問他：「你是有技巧呢？還是有道術？」他說：「我有持守的原則。我二十歲就喜歡做帶鉤，對別的東西根本不看，不是帶鉤就不仔細觀察。我用心於此，是因為我不用心於別的東西，才能專於此用，何況是無所不用心的人呢？萬物怎能不助成他呢？」

這位「捶鉤者」的祕訣是十個字：「於物無視也，非鉤無察也。」這與承蜩丈人的作法如出一轍。一位只見蟬翼，一位只察帶鉤，結果都成

原 大馬之捶鉤者，年八十矣，而不失豪芒。大馬曰：「子巧與？有道與？」曰：「臣有守也。臣之年二十而好捶鉤，於物無視也，非鉤無察也，是用之者，假不用者也，以長得其用，而況乎無不用者乎！物孰不資焉？」

——《莊子．知北遊》

了莊子筆下的明星人物，表現出非同一般的技藝。

莊子所肯定的與其說是技藝，不如說是化解執著。精通一門技藝，必須專注到忽視其他萬物的程度。但是，「捶鉤者」最後提及「無所不用心的人」（亦即無所用心的人），就是提醒我們對自己專長的技藝也須一並忽視、化解，如果依然有所執，則難以達到逍遙的境界。莊子寓言的深意應在這裡。

【專注與努力造就專家】

我在荷蘭教書時，曾在電視上看到一個人接受採訪，鼻子上戴著鼻套。主持人說他的鼻子保險了一百萬美金，如果摔了跤，鼻子受傷，將可獲得保險公司理賠。天下之大真是無奇不有。再看下去，才知道這人是品酒專家，是靠鼻子吃飯的，所以千方百計照顧好吃飯的傢伙。

歐洲人喝葡萄酒是很講究的，品酒也成了一門專業技術。英國哲學家休謨（D. Hume，1711-1776）曾講過一個故事：

有兄弟二人，出身品酒世家。在一次上流社會的晚宴中，主人特地從地窖中搬來一桶陳年老酒。像這樣的老酒，當然得請專家來品評一番了。兄弟二人上場了。哥哥嘗了一口，說：「酒是好酒，但裡面有皮帶的味道。」賓客哄堂大笑，認為那是瞎說，畢竟專家也有失靈的時候。接著，弟弟嘗了一口，說：「除了皮帶的味道，還有鐵鏽的味道。」賓客又是一陣譁然，都認為這對兄弟大概是浪得虛名吧！

隨著晚宴的進行，大多數人都把兩兄弟的品評當成笑柄，但是這一桶酒喝光時，大家赫然發現桶底躺著一條皮帶，皮帶上的鐵環還生了鏽。

西方有一些品酒專家，你給他一杯葡萄酒，他一聞就知道那是什麼年份、什麼品牌，產自何地，那一年雨量如何等等。我們也有自己的專家。

《世說新語》記載了一則軼事：

荀勖（ㄒㄩˋ）有一次在晉武帝的宴席上，以竹筍配白飯吃，吃著吃著，他忽然對同席的人說：「這飯是拿用過的木頭燒成的。」沒有人相信這句話，但還是暗中派人去打聽，結果發現真的是用舊車輪當柴火燒成的飯。

我們一般人大概可以分辨用電鍋煮的飯與用柴火燒的飯。同樣是柴火燒的飯，誰能分辨出木柴是舊的還是新的？荀勖不僅能判斷柴火，還是音樂專家，負責調整音律，校定正式演奏的雅樂。

說到音樂，有一個孔子的故事，非常精采。《史記・孔子世家》記載孔子曾向師襄學習鼓琴。一首曲子練習了十天，老師主動對孔子說：「你可以再學別的曲子了。」孔子說：「我會彈它的旋律，但還沒掌握它的技巧。」

過了幾天，老師說：「技巧不錯了，你可以再學別的曲子了。」孔子說：「我還沒領悟它的作曲用意。」

又過了幾天，老師說：「你領悟用意了，可以再學別的曲子了。」孔子說：「我還沒想像出曲子所描寫的人長什麼樣子。」

再過了幾天，孔子說：「曲子裡面有嚴肅沉思的意味，也有喜悅仰望而志向遠大的意味。」接著他又說：「我可以想像他所描寫的人了。這個人長得黑黑的、瘦瘦的、高高的，眼睛像在牧羊一樣張望，好像是統治四方的君王。如果不是周文王，誰能表現這樣的風範呢？」

師襄聽到孔子這番話，立刻走下老師的座位，向孔子鞠躬示意，說：「我聽老師說過，這首曲子是〈文王操〉啊。」〈文王操〉是歌頌周文王的樂曲，而孔子可以從演奏中一步步提升水準，由旋律、技巧、用意，再到想像其中人物的模樣。他的心得使音樂老師也感到佩服。孔子為何可以嫻熟五經、精通六藝，然後集其大成，深受學生愛戴與推崇？這段軼事大概是最好的說明了。

人的潛能是多方面的，就看你是否用心專注。運動場上的明星人物，哪一個不是經年累月苦練所造就的？在承蜩，捶鉤、品酒、聞飯等方面，無不是如此。在音樂、繪畫、雕刻、建築等方面，不也是同樣的情況嗎？但是這些過人的才藝就是莊子所肯定的人生目的嗎？答案顯然不是這麼簡單。莊子的真正用意又是什麼？這是需要進一步去釐清的。

【先接受再超越】

若要練成特殊技巧，非下苦工夫不可。運動場上的風雲人物，無不經歷一段嚴格的訓練過程。美國有一位田徑女將，得到兩枚奧運金牌之後，改打高爾夫球，兩年之後獲得全美女子高爾夫球賽冠軍。記者們紛紛推崇她是運動天才。她回應說：「我不是什麼天才。決定改打高爾夫以後，我每天練習揮桿一千多次，直到雙手發抖，抓不住球桿為止。」兩年之後，球桿對她來說猶如延伸的手臂，可以自由發力，從而發揮過人的球技。像這樣的故事不勝枚舉，並且各行各業都有。

莊子寫下「承蜩丈人」之類的故事，不是為了推廣什麼特技，而是為了表現道家關於身心修練的觀點。這種修練的目的是讓人對於規矩先接受再超越，由此領悟一種自得其樂的意境。換言之，道家的覺悟不是靠心念一轉就成功的，而是必須老老實實做足工夫的。

〈達生〉篇裡還有一個故事，比較詳細地說明了這種修練的過程：

梓慶削木做掛鐘鼓的架子，做成以後，見到的人都驚訝不已，好像那是鬼神所為。我們所謂的「鬼斧神工」，即是此意。

魯侯特地召見梓慶，問道：「你是靠什麼祕訣做成的？」

梓慶說：「我是一個工匠，哪有什麼祕訣？雖然如此，還是有一點可說。我在準備做鐘架之前，從來不敢損耗力氣，一定要靠齋戒來平靜內心。」

古人談到齋戒，往往是為了準備祭祀活動。譬如孔子平生最謹慎的三件事是「齋戒、戰爭、疾病」（《論語・述而》）。莊子大概是首先倡議用齋戒來平靜內心，進而從事工藝創作的人了。梓慶的方法是什麼呢？下面談到三個步驟：

一、齋戒三天，不敢存想獎賞爵祿。

二、齋戒五天，不敢存想毀譽巧拙。

原 梓慶削木為鐻，鐻成，見者驚猶鬼神。魯侯見而問焉，曰：「子何術以為焉？」

對曰：「臣，工人，何術之有！雖然，有一焉。臣將為鐻，未嘗敢以耗氣也，必齋以靜心。齋三日，而不敢懷慶賞爵祿；齋五日，不敢懷非譽巧拙；齋七日，輒然忘吾有四枝形體也。當是時也，無公朝，其巧專而外滑消。然後入山林，觀天性；形軀至矣，然後成見鐻，然後加手焉；不然則已。則以天合天，器之所以

三、齋戒七天，往往忘了自己還有身體四肢。

這是由外到內的修行，層層化解工作本身以外的考慮。梓慶接著說：

「這個時候，不再想到是為朝廷做事，只專注於技巧，而讓外來的顧慮消失。然後深入山林，觀察樹木的自然本性。遇到形態適當的，好像看到現成的鐘架，這才動手加工。沒有這樣的機會，就什麼都不做。這是以自然去配合自然，我做出的器物被別人認為是鬼神所為，大概就是這個緣故吧！」

這段心得的關鍵是「以天合天」，用自然去配合自然。因此，梓慶齋戒的目的很清楚：讓自己排除各種現實的念頭之後，回歸自然的狀態。不如此不足以專注於這項工作本身的要求。換言之，工作的目的不是為了獲得某種成果，而是工

疑神者，其是與！」

——《莊子．達生》

原 子之所慎：齊、戰、疾。

——《論語．述而》

作本身即是目的。

梓慶所觀察的樹木姿態是自然生成的，他也具備「庖丁解牛」的類似功力，可以看出樹木中所隱藏的動物形貌。的確如此，有些樹幹或樹根在雕成人物之後，在年輪、色澤與樣態上，無不栩栩如生，好像那一截木頭「本來」就是為了成就這件藝術品而生長似的。

有些運動員獲得獎牌之後，反而失去了人生的方向。這是因為他們把運動當成手段或工具，目的則是獎牌。一旦達到這個目的，手段也變得無趣而可厭了。人生不也是一樣嗎？在得到從小所追求的目標之後，不也同樣感覺格外空虛嗎？

莊子筆下每一位具有卓越技巧的人，都展示出一種人生特色，就是樂在其中。他們以自己的工作為樂，因為工作本身即是目的。能在工作中自得其樂的人，往往在別人眼中就會顯示一種美感。因此，我們不必怎麼計較工作的外在價值，而要肯定每一件工作都可以成就生命的特殊意義，因而都值得珍惜。

第七講　有利必有害

把人生的遭遇從悲劇轉化為喜劇，所需要的是什麼？

面對利益時，應該考慮什麼，儒家教我們「見利思義」，看到利益先想一想該不該得？是否遵守法律與合乎禮儀？是否自己努力之後的成果？是否有損人利己的嫌疑？

莊子對於仁義採取質疑的態度，因為仁義的判斷標準未必是普遍有效的。他主張「見利思害」，面對任何利益時，都想一想其後果，為了利益我們付出的代價是否太高？我們得到之後會不會後悔等等。

下面我們就看看莊子具體是怎麼說的。

【螳螂捕蟬】

莊子年輕時做過宋國的小公務員，即「漆園吏」，後來辭官回到鄉下以織草鞋為生。為了養家餬口，他經常到附近的山中打鳥，到河邊釣魚，雖然清貧，但也悠閒自在。〈山木〉篇中的這個故事很可能來自莊子的親身經歷：

莊子到雕陵的栗園遊玩，看見一隻怪鵲從南方飛來，翅膀張開有七尺，眼睛直徑有一寸。牠擦過莊子的額頭後，停在栗林中。莊子說：「這是什麼鳥啊？翅膀大卻飛不快，眼睛大卻看不清東西。」於是提起衣裳，快步走過去，手握彈弓，守候在一旁。這時看見一隻蟬剛剛找到舒服的樹蔭，忘了自己還有身體。一隻螳螂正利用樹葉做遮蔽，準備攻擊這隻蟬，因為見到獵物而忘了自己還有形軀。而這隻怪鵲呢？盯住螳螂正要下手，因貪圖利益而忘了自己是隻大鳥。莊子心生警惕說：「啊！萬物就是這樣互相牽累，因利害而一個招惹一個啊！」他扔下彈弓轉身離去，守園子的人發現後，一邊責罵著一邊追過去。

以上是故事的前半段。額頭被怪鵲的翅膀碰到時，莊子在驚訝中帶著一點欣喜，因為隨身攜帶的彈弓似乎可以派上用場了，他也開始想像家

原 莊周遊於雕陵之樊，睹一異鵲自南方來者，翼廣七尺，目大運寸，感周之顙而集於栗林。莊周曰：「此何鳥哉！翼殷不逝，目大不睹。」蹇裳躩步，執彈而留之。睹一蟬，方得美蔭而忘其身。螳螂執翳而搏之，見得而忘其形。異鵲從而利之，見利而忘其真。莊周怵然曰：「噫！物固相累，二類相召也！」捐彈而反走，虞人逐而誶之。

——《莊子．山木》

人桌上會多出一道佳餚了。

哲學家無不好奇，莊子自不例外。他想弄清楚這隻怪鳥為什麼無視於他這個業餘獵人的存在與威脅。他跟過去一看究竟，才發現食物鏈的狀況。自然界的生物之間有食物鏈，這是簡單而明顯的事實。但是莊子依然看出一個道理。如果蟬無法避開螳螂的捕捉，那麼為什麼眼前偏偏是這隻蟬而不是別的蟬呢？依此類推，則螳螂、異鵲也是如此。

蟬見到利（舒服的樹蔭），就大聲歡唱「知了」，忘了自己還有身體，更想不到這樣會招來天敵的毒手。螳螂見到利（歡唱中的蟬），也忘了自己還有形軀，大概是弓起背，張開雙臂，而這種動作正好吸引了怪鵲由天而降。怪鵲呢？居然忘了自己是隻大鳥，以致翅膀擦過莊子的額頭而不自覺。食物鏈的上游是莊子嗎？換作一般人，恐怕也會忘了走進栗園有被誤為小偷的危險。莊子及時警覺，但還是慢了半拍。

他離開時為何丟下彈弓呢？是為了讓別人發現他雙手空空，沒有拿任何東西，即使被抓到也沒有現行犯的嫌疑，如此或可全身而退。莊子平安回家之後，還有後半段故事：

莊子回到家中，三天都不開心。弟子藺（ㄌㄧㄣˋ）且問他說：「老師最近為什麼不開心呢？」莊子說：「我留意外物的形軀而忘了自身的處境，看多了濁水反而對清水覺得迷惑。而且我曾聽老師說過：『到一個地方，就要順從那個地方的習俗。』現在，我在雕陵遊玩而忘了自己還有身體，讓怪鵲擦過我的額頭；在栗林遊玩而忘了自己是誰，讓守園子的人以為我是可恥的小偷，我就是因為這樣才不開心啊！」

從這段文字我們可以知道，莊子收了一些學生，平常來往可能相當密切，這個藺且是《莊子》中唯一留下名字的學生。同時，莊子不是沒有情緒，他也為了這事而幾天不開心——既因為被人誤會，更因為沒有謹守自己的原則：見利思害。

莊子歸納生物的表現是見利忘害，因而提早

原 莊周反入，三日不庭。藺且從而問之：「夫子何為頃間甚不庭乎？」莊周曰：「吾守形而忘身，觀於濁水而迷於清淵。且吾聞諸夫子曰：『入其俗，從其俗。』今吾遊於雕陵而忘吾身，異鵲感吾顙；遊於栗林而忘真，栗林虞人以吾為戮，吾所以不庭也。」

——《莊子・山木》

結束了生命。那麼人呢？世人不也是常常見利忘害而犧牲了時間、健康、精神，甚至生命嗎？

在《莊子》中，「忘」字多半是好的意思，譬如「魚相忘於江湖」，就是莊子期許我們嚮往的意境。在這則寓言中，「忘」卻是致命傷，因為它代表受到外在利益的誘惑，而忘了自己的處境。

因此，「忘」有雙重意義：一種是見利忘害，陷入迷惑與危機之中，這是我們應該避免的；另一種才是化解執著的意思，讓自己與萬物可以相通共融。

【利害之間】

莊子對於人間利害的觀察，既周全完整，又細膩長遠。我們再舉幾個例子來作說明。

首先，不要被眼前的小利所迷惑。〈列禦寇〉篇中有一個故事，很可能也是莊子的親身經歷：有人想請莊子做官，莊子答覆使者說：「你見過用來祭祀的牛嗎？披的是文彩刺繡，吃的是青草大豆，等到牽到太廟挨宰的時候，即使想做一頭孤單的小牛，辦得到嗎？」這是藉牛來比喻人的情況，近利短視的結果，往往付出慘重的代價。

〈秋水〉篇中有一個故事：楚王派了兩位大夫來遊說莊子做官，莊子正在濮（ㄆㄨˊ）水邊釣魚，聽了來人之意，頭也不回地說：「我聽說楚國有一隻神龜，已經死了三千年了，楚王把它裝

原 或聘於莊子，莊子應其使曰：「子見夫犧牛乎？衣以文繡，食以芻菽，及其牽而入於大廟，雖欲為孤犢，其可得乎！」

——《莊子．列禦寇》

原 莊子釣於濮水。楚王使大夫二人往先焉，曰：「願以境內累矣！」莊子持竿不顧，曰：「吾聞楚有神龜，

在竹箱裡，還用手巾包著，保存於廟堂之上。這隻龜，是寧可死了，留下一把骨頭讓人尊貴呢？還是願意活著，拖著尾巴在泥地裡爬來爬去呢？」

其次，利與害相互依存。有些利益伴隨著不可預知的危險，有些利益則讓人做出無恥的行為。〈列禦寇〉篇中有這麼一個故事：

有人去拜見宋王，獲贈十輛馬車，他就拿這十輛馬車向莊子誇耀吹噓。莊子說：

「河邊有一家窮人，靠編織蘆葦為生。有一天，做兒子的潛入深淵，得到價值千金的寶珠。做父親的對他說：『拿石頭來敲碎它！千金寶珠一定是藏在九重深淵黑龍的頷下，你能取得寶珠，一定是碰到牠正在睡覺。如果黑龍是醒的，你還能保住小命嗎？』現在宋國的形勢，更勝過九重深淵；宋王的凶猛，更勝過黑龍，你能得到

死已三千歲矣。王巾笥而藏之廟堂之上。此龜者，寧其死為留骨而貴乎？寧其生而曳尾於塗中乎？」二大夫曰：「寧生而曳尾塗中。」莊子曰：「往矣！吾將曳尾於塗中。」

——《莊子．秋水》

原 人有見宋王者，錫車十乘，以其十乘驕穉莊子。莊子曰：「河上有家貧恃緯蕭而食者，其子沒於淵，得千金之珠。其父謂其子曰：『取石來鍛之！夫千金之珠，必在九重之淵而驪龍頷下，子能得珠者，必遭其睡

馬車，一定是碰到他正在睡覺。如果宋王是醒的，你就粉身碎骨了！」

莊子在此是好心提醒此人，一次得利是僥倖，若以為次次皆可如願，則大禍不遠矣。

莊子還提醒我們：為利益而付出的代價是否太高？在〈讓王〉篇中，莊子說得十分明白：「現在世俗的君子多半為了追逐外物而危害身體，放棄生命，豈不是很可悲！當聖人有所動作時，一定要看清楚他設定的目標與採取的方法。如果有人在此，用隨侯的寶珠去射高飛的麻雀，世人一定會取笑他。為什麼呢？因為他所用的東西貴重，而所要的東西輕賤。談到生命，難道不比隨侯的寶珠更貴重嗎！」

生命之可貴，勝過隨侯寶珠；不僅如此，還勝過天下呢！〈讓王〉篇中還有一個故事：子華子對昭僖侯說：「現在讓天下人到你面前寫下盟

也。使驪龍而寤，子尚奚微之有哉！』今宋國之深，非直九重之淵也；宋王之猛，非直驪龍也。子能得車者，必遭其睡也。使宋王而寤，子為齏（ㄐㄧ）粉矣！」

——《莊子・列禦寇》

原 今世俗之君子，多危身棄生以殉物，豈不悲哉！凡聖人之動作也，必察其所以之與其所以為。今且有人於此，以隨侯之珠，彈千仞之雀，世必笑之。是何也？則其所用者重，而所要者輕也。夫生者，豈特隨侯珠之重哉！

——《莊子・讓王》

約，盟約上說：『左手取得盟約，則砍去右手；右手取得盟約，則砍去左手，然而取得盟約的人必定取得天下。』您還願意去奪取嗎？」昭僖侯說：「我不去奪取。」

這是「兩臂重於天下」，更何況是身體和生命呢？這種亂世中的智慧，在今天依然有效。見到利益時，首先考慮：為了得到它，我需付出什麼代價？這個代價是我付得起的嗎？我會不會得不償失呢？

原　子華子曰：「今使天下書銘於君之前，書之言曰：『左手攫之則右手廢，右手攫之則左手廢，然而攫之者必有天下。』君能攫之乎？」昭僖侯曰：「寡人不攫也。」

——《莊子．讓王》

【福禍相倚】

英國作家王爾德（Oscar Wilde，1854-1900）說：「人生只有兩種悲劇。一種是心想而事不成。另一種呢？是心想事成。」

這話聽來有趣，究竟是什麼意思呢？一般人都會同意，心想而事不成，確實不是好事情。例如考試不順利，不能進理想的大學或專業；謀職失敗，感覺走投無路；另外，在親情、友情、愛情等方面也可能出現種種挫折與抱怨，讓人覺得萬念俱灰。

但是，為什麼王爾德會認為「心想事成」也是悲劇呢？這就比較複雜了。例如心想事成之後，可能發現自己所成就的與原先所預期的有很大的差異；有些學生考上理想的大學之後，很快發現大學不是中學時代所嚮往的天堂；有些人努力半輩子，賺了錢之後才覺得有錢不一定快樂……換言之，心想事成之後，才發現目標並不值得自己全力以赴去爭取。時間不能重來，成就變成負擔，我們許多人不就是這樣背著自己所特製的十字架，徬徨於人間嗎？

而且，當你心想事成時，別忘了周圍有一些失敗者正在飽受煎熬，他們直接或間接與你的成功有關啊！孔子認為國家上軌道，才可做官領俸祿；國家不上軌道而做官領俸祿，就是恥辱。為什麼？因為你的成功很可能是不擇手段取得的，或者就建立在別人的痛苦之上。在亂世中飛黃騰達，難道值得尊敬與取法嗎？儒家與道家觀點類似，而理由大異其趣。

《易經》有個頤卦，卦象是䷚，就像一張口，可以吃東西，也可以說話。以吃來說，頤就是養，是每個人都需要的飲食。這裡就牽涉到利害關係了。頤卦的六爻（ㄧㄠˊ，組成八卦的兩種橫線，「⚊」為陽爻，「⚋」為陰爻）中，有三爻為凶，這在六十四卦中是很少見的。意思是說，在追求飲食需要時，僧多粥少是常見的事，你若要心想事成，就難免成為別人的競爭對手。即使你

原 邦有道，穀；邦無道，穀，恥也。

——《論語・憲問》

終於成功了，也無法保證可以維持多久。說話也有類似的情況，同樣一張口，可以攪得天下人心惶惶。莊子同時代的縱橫家不就是如此嗎？他們靠著計較利害的小聰明，遊說充滿野心的各國諸侯，得意時，可以身佩六國相印；失意時，可能死無葬身之地。

因此，頤卦的〈大象傳〉說：「君子以慎言語，節飲食。」只有言語謹慎，飲食節制，才有機會在利害衝突的狀況中保全自己。

莊子是道家學說的代表，對老子思想深有體認，並加以發揮。老子說：「禍兮，福之所倚；福兮，禍之所伏。」（《老子》五十八章）一個人從小受盡折磨，他的情緒智商與逆境智商在考驗中不斷成長，將來的情況呢？不論他是否取得外在的成就，至少他內心很容易為了小小的順利而覺得快樂與感恩。這，不也是一種幸福嗎？

反之，一個人從小含著金湯匙，不知勞苦、辛苦、痛苦為何物，那麼他將來呢？倒不是說一定倒楣，而是很容易因小小的不順利而憤怒、怨恨。這，不也是一種災禍嗎？

能夠看透福禍相互倚伏的關係，對於自己的處境就可以釋懷了。得意時不驕傲，不會像莊子筆下那位宋人一樣自吹自擂，而不知道危險正在迫近；失意時不灰心，以莊子本人來說，他簡直是世人眼中的失意代表，但是誰會認為莊子灰心失望？《莊子》書中，除了大談「遊」與「化」之外，還不斷談到「樂」。而他筆下的樂，無不是經由智慧而來的覺悟。只要覺悟萬物都是由道而來又回歸於道，就可以化解自我的利害念頭，除去了分別心之後，只有一個整體的道，因此人生何處不可遊？

把人生的遭遇從悲劇轉化為喜劇，所需要的是什麼？是不計較利害與得失，並且從整體來欣賞人我之間與物我之間的互動。

第八講 文字的限制

書本是智慧的載體，但並不等同於智慧本身。

讀書受教育是人生的必經之路。但是，讀書與受教育之間卻不能畫等號。簡單說來，受教育是一輩子的事，並且以各種方式進行，問題是你我是否察覺而已。

至於讀書，則比較單純。在學校讀書有計畫有目的，到某一階段就畢業了。畢業之後，過去所讀的書是否有用，那是另一回事。此外，任何人只要願意翻開書本，就可以認為他是在讀書。

莊子在司馬遷筆下，是個「其學無所不窺」的人，讀書之多不在話下。那麼他對讀書這件事有何特殊看法？我們不妨從「桓公讀書」這則寓言入手，再好好思考有關讀書的一切，說不定莊子可以帶給我們不少啟示。

【得心應手】

齊桓（ㄏㄨㄢˊ）公是春秋五霸之首，靠著管仲的輔佐，以外交手段維持了春秋初期的安定局面。孔子稱讚齊桓公依循正途而不用權謀，更高度肯定管仲的貢獻，宣稱百姓到今天還在承受他的恩惠。

原 正而不譎（ㄐㄩㄝˊ），民到於今受其賜。

——《論語・憲問》

身為諸侯盟主的齊桓公，到了莊子筆下，居然出現在一個讀書的畫面中，讓人不免覺得突兀，這正是莊子的幽默風趣之處。故事出自《莊子・天道》：

齊桓公在堂上讀書，輪扁在堂下做輪子。輪扁放下椎鑿，上堂去問桓公說：「請教大人，大人所讀的是什麼人的言論？」

桓公說：「聖人的言論。」

輪扁說：「聖人還活著嗎？」

桓公說：「已經死了。」

輪扁說：「那麼大人所讀的，不過是古人的糟粕罷了。」

桓公說：「寡人讀書，做輪子的怎麼可以隨便議論。說得出理由就算了，說不出理由就處你死罪！」

輪扁說：「我是從我做的事來看的。做輪

原 桓公讀書於堂上，輪扁斫輪於堂下，釋椎鑿而上，問桓公曰：「敢問，公之所讀者，何言邪？」

公曰：「聖人之言也。」

曰：「聖人在乎？」

公曰：「已死矣。」

曰：「然則君之所讀者，古人之糟魄已夫。」

桓公曰：「寡人讀書，輪人安得議乎！有說則可，無說則死！」

子，下手慢了，就會鬆動而不牢固；下手快了，就會緊澀而嵌不進。要不慢不快，得之於手而應之於心。口雖說不出，但這中間是有奧妙的。我不能傳授給我兒子，我兒子也不能從我這裡繼承，所以我七十多歲了還在做輪子。古人與他們不可傳授的心得都已經消失了，那麼君上所讀的，不過是古人的糟粕罷了。」

桓公聽完這番話之後，有沒有殺輪扁呢？應該沒有。不過，這不是問題，因為莊子藉這則寓言所表達的是：書本是智慧的載體，但並不等同於智慧本身。世間的書籍何其多，莊子在《養生主》篇一開頭就說了：「我的生命是有限的，而知識卻是無限的。以有限去追隨無限，一定疲累得很。既然如此，還汲汲於求知，那就只能疲累不堪了。」

事實上，老子早就指出：「探求知識，每天

輪扁曰：「臣也以臣之事觀之。斫輪，徐則甘而不固，疾則苦而不入。不徐不疾，得之於手而應於心。口不能言，有數存焉乎其間。臣不能以喻臣之子，臣之子亦不能受之於臣，是以行年七十老而斫輪。古之人與其不可傳也死矣，然則君之所讀者，古人之糟魄已夫。」

——《莊子・天道》

原 吾生也有涯，而知也無涯。以有涯隨無涯，殆已。已而為知者，殆而已矣。

——《莊子・養生主》

增加一些；探求道，每天減少一些。減少之後再減少，一直到無所作為的地步。無所作為卻什麼都可以做成。」

老子所謂的道，是道家智慧的基礎所在，因此無法用語言文字所構成的知識來代表，應該讓每一個人自己去修練與覺悟。

輪扁述說自己做輪子的經驗，其中也涉及了從技術提升到藝術的契機，那就是「得之於手應之於心」。這句話可以簡化為「得手應心」：我的手表現出來本能反應，在我心中是有默契的。下手該快該慢、該輕該重、該早該晚，心中有數，卻無法言傳。輪扁如果可以說得清楚，早就把技術傳給兒子，自己頤養天年去了。

我們今天習用的成語是「得心應手」，心中先領悟了要訣，再以手的行動來配合。同樣的，這種領悟也是說不清楚的。由此看來，書本與智

原 為學日益，為道日損。損之又損，以至於無為。

——《老子・四十八章》

慧的確是兩回事。例如一個孩子想學騎自行車，如果他只閱讀有關自行車的結構和騎車方法的書籍，或者聽別人講解各種訣竅，就能學會嗎？他所需要的是臨場經驗，是自身手腳的配合與身體擺動的平衡，並且通常要摔個半天才能說是學會了。學習技術大概都無法跨越「在做中學」以及「嘗試錯誤」這兩個步驟。

真正困難的是聖人的處世智慧。孔子在莊子筆下是個好學之人，但是始終難以悟道。這種描述對孔子並不公平，因為孔子曾說自己的作為靈活，「無可無不可」，沒有一定要怎麼做，也沒有一定不要怎麼做。（《論語・微子》）因為人的作為不能忽略「時機」與「時宜」，這正是智慧的表現。儒道二家對智慧的觀點不同，但也不至於全然相異。這個問題值得進一步探討。

【學習真正的價值與智慧】

好的教育應該兼顧知識與道德，但事實並不盡如人意。先說知識的傳授。以大學為例，在知識的傳授與考核上，成效似乎不彰。美國一所大學做過一次實驗，暑假開始一個月之後，將每個班考試成績最好的學生緊急召回，把期末考試的試卷再答一次。結果如何？全校應考的學生竟然沒有一人及格。

這表示什麼？學生考前死記硬背，考後忘了大半。難怪美國哲學家懷特海（A. N. Whitehead，1861-1947）說：「非到課本遺失，筆記焚毀，你為了準備考試而記在心中的細節全都忘記，你之所學才是你真正的收穫。」例如你讀了《莊子》之後，不可能隨身帶著這本書，這時有人請你談談莊子思想，就看你有什麼心得了。你考試的成績如何，筆記是否詳細，都無濟於事。

既然談到懷特海，我們不妨進而聽聽他對教育的見解。他認為教育應該配合學生的成長階段，例如小學生注重體育與美育，使其身體健康而心靈和諧。中學生以伏案讀書為原則，因為智育若是沒有打下堅實的基礎，將使人一生都無法對語文與數學產生興趣。此時也須注意群育，以合理的互動來準備未來的社會生活。至於德育，則最好藉事說理，利用社會事件作道德教學的示例，幫助學生選擇典範人物作為心靈的標竿。

到了大學，則應高瞻遠矚，把個人生命擴大，聯繫於人群、歷史、文化與宇宙。這時可培養公民意識與責任感，畢業之後進入社會，才可能成為棟樑之才，扮演承先啟後的角色。像這種依次設計的學校教育，無疑是穩定社會的一大力量。

其次，再就道德教育來說，明代理學家王陽明（1472-1518）在〈答顧東橋書〉中說了一番話，頗能代表儒家的立場。他說：

「學校之中，惟以成德為事，而才能之異，或有長於禮樂，長於政教，長於水土播植者，則就其成德，而因使益精其能於學校之中。」

這種想法無異於提醒我們，大學可以分科分系，培養社會所需要的各種專家，但是作為基礎的是道德教育。理由很簡單，一個人才如果品德不良，那麼他越有本事，對社會的危害也將越大。如此一來，教育不是對人對己都有害嗎？

王陽明繼續談到他對學生進入社會之後的期許：「迨夫舉德而任，則使之終身居其職而不易。用之者，惟知同心一德，以共安天下民，視才之稱否，而不以崇卑為輕重，勞逸為美惡。效用者，亦惟知同心一德，以共安天下之民。苟當其能，則終身處於煩劇而不以為勞，安於卑瑣而不以為賤。」

這種觀點符合孔子所說的「士志於道，而恥惡衣惡食者，未足與議也。」（《論語・里仁》）讀書人修養品德是為了服務社會，不必計較個人的功名利祿。這是非常高尚的理想，但問題是多少人可以做到？

莊子所批判的，不是儒家的教育理想，而是儒家的教育方法。一方面，求知與成德如何協調？另一方面，在學校中所學的成德是否禁得起社會風氣的嚴酷考驗？於是我們所見到的儒家，在求知方面的成就明顯超過了成德，而且在尚未達到成德標準時，許多人不免裝腔作勢或假仁假義，成了假道學了。

孔子早就說過，「古之學者為己，今之學者為人。」（《論語・憲問》）當時的學者已經是「為人」，求知是為了炫耀給別人看，而不是為了改善自己的言行。像這樣的學者自然逃不過莊子犀利的批評了。

莊子並不反對讀書，他擔心的是大家以書本代表智慧，那就本末倒置、輕重失衡了。他也不反對修德，他擔心的是大家滿口仁義道德，心中並無真誠的意念，由此而使天下善惡不分、黑白不明，增加無數的煩惱與痛苦。他以「桓公讀書」為寓言，正是提醒我們正視學習的方法，不可買櫝還珠，而錯過了真正的價值與智慧。

【突破信息時代的迷惘】

讀書是為了獲得什麼？英國著名詩人艾略特（T. S. Eliot，1888-1965）在〈岩石〉一詩中說：「我們在信息中失去的知識，到哪裡去了？／我們在知識中失落的智慧，到哪裡去了？」

我們閱讀時，所希望獲得的正好可以用「信息、知識，智慧」這三個詞來代表。我們現在每天上網、看電視、看報紙，信息多得讓人眼花撩亂，甚至心煩意躁。信息多了，反而讓我們失去了知識，無法理出頭緒，也很難作出完整的說明。

如果不那麼貪婪，專就某一領域作系統的探討，就像在大學裡上課一樣，那麼應該可以獲得知識。但是，大學有多少科系呢？能分不能合的現象出現了，有些人讀到博士學位，事實上卻是不折不扣的「窄士」，知識範圍十分有限，甚至說起話來一般人無法理解。社會需要各行各業的專家，專家本身卻是「有知識而無智慧」。愛因斯坦（Albert Einstein，1879-1955）說：「專家只是訓練有素的狗。」這話當然是罵人的，但的確說出了部分事實。

我們的孔子說話比較文雅：「君子不器。」（《論語‧為政》），他也希望學生不要只是做一個有用的器皿，就是要求我們不能只是專於某種技藝，而須注意人格的整體培育。

至於智慧，則是對人生作「完整而根本的理解」。所謂「完整」，是指包括自我認識、人我相處，人生應該如何安排、宇宙與人的關係等等。所謂「根本」，則是指人生的目的何在、生死問題如何理解等等。西方自古希臘以來所使用的「哲學」（philosophy）一詞，原意正是「愛好智慧」。用「愛好」而不用「獲得」，是因為他們相信智慧不僅是完整而根本的理解，並且這種理解必定會帶來具體行為的改變，而這種改變不到面對死亡那一刻是不能檢驗完畢的。

說得簡單一點，哲學顯示於一個人的生活態度上，所謂「每一個人都有自己的一套哲學」即是此意。但是大多數人沒有辦法把自己的那一套哲學說成像孔子一樣的「一以貫之」，因而也沒有長期實踐與生死以之的決心，表現出來的言行終究與智慧沒有什麼關聯。當然，不可否認的是，每一個人都在某種程度上「愛好智慧」。

唐朝佛教大盛，禪宗五祖弘忍欲傳付衣缽，首座弟子神秀呈上一偈：「身似菩提樹，心如明鏡臺。時時勤拂拭，莫使惹塵埃。」這是講究漸修的工夫，隨時警醒努力，久之應可覺悟自己的本體是空靈的。

雜務僧人惠能看過之後，寫下另一段偈語：「菩提本無樹，明鏡亦非臺。本來無一物，何處惹塵埃。」這是覺悟萬法皆空的智慧。佛教所謂的「空」，不是真的虛無，而是強調不執著於一物的心態，所謂「真空妙有」。一切都是因緣和合而生，並無任何一物之本體是具體實在或不可更改的。惠能後來成為禪宗六祖。

莊子對讀書的態度與禪宗有異曲同工之妙。他以「得魚忘筌」（《莊子・外物》）的比喻告訴我們：用竹簍捕魚的人，捕到魚就可以忽略竹簍了。重要的是魚，竹簍只是工具。工具製作得再精美貴重，若是達不到目的，捕不到魚，又有什麼用處呢？我們若想突破信息時代的迷惘與知識的局限，不妨參考莊子這些觀點。

第九講

語言的迷惑

沒有人能看到全部的真相。即使偶爾瞥見了某些真相，也無法以言語恰當描述。辯論的盲點正在這裡。

人與人之間意見分歧，是十分自然的事。問題在於，每一個人說話時，都希望得到別人的認同。如果你位高權重，別人又有逢迎拍馬的念頭，那麼爭論無從發生；如果大家站在平等的位置上，三言兩語之後還沒有爭論出現，那倒是一件稀奇的事了。

莊子學問好，口才更是所向無敵。令人納悶的是，他居然公開反對爭論與辯論，認為那是無用之舉，對於覺悟「大道」並無任何幫助，更別說還會製造許多人間煩惱。「天下本無事，庸人自擾之」，「自擾」的有效辦法，大概就是與人爭論了。

【爭論無用】

莊子在〈齊物論〉中，就辯論無法裁決勝負說了一大段話，我們可以分三小段來看。

「假設我同你辯論，你勝過我，我沒法勝過你，那麼你真的對嗎？我真的錯嗎？我勝過你，你沒法勝過我，那麼我真的對嗎？你真的錯嗎？

原 既使我與若辯矣，若勝我，我不若勝，若果是也？我果非也邪？我勝若，若不是一人對、一人錯嗎？還是兩人都對，或者兩人都錯呢？我與你是不能互相了解了。」

莊子對於爭論之對錯所作的思考，確實周到無比，我們就算學習西方哲學，對他的話，也不能增加一字或減少一字。他接著說：

「人都被偏見所遮蔽，那麼我請誰來裁判呢？請與你意見相同的人來裁判，既然與你意見相同，怎麼能夠裁判？請與我意見相同的人來裁判，既然與我意見相同，怎麼能夠裁判？請與你我的意見都不同的人來裁判，既然與你我的意見都不同，怎麼能夠裁判？請與你我的意見都相同的人來裁判，既然與你我的意見都相同，怎麼能夠裁判？如此看來，我與你與別人也都不能互相了解了，那麼還要期待誰呢？」

這樣一來，在兩人辯論時，天下竟無人可以擔任裁判了。這種想法會不會太過偏激呢？莊子

吾勝，我果是也？而果非也邪？其或是也，其或非也邪？其俱是也，其俱非也邪？我與若不能相知也。則人固受黮暗，吾誰使正之？使同乎若者正之，既與若同矣，惡能正之？使同乎我者正之，既同乎我矣，惡能正之？使異乎我與若者正之，既異乎我與若矣，惡能正之？使同乎我與若者正之，既同乎我與若矣，惡能正之？然則我與若與人俱不能相知也，而待彼也邪？

——《莊子・齊物論》

對此稍作分辨，他在〈齊物論〉稍前部分說：「六合之外，聖人存而不論；六合之內，聖人論而不議，《春秋》經世先王之志，聖人議而不辯。」意思是：對於天地之外的事，聖人存察於心而不談論；對於天地之內的事，聖人談論而不評議；對於記載先王事蹟的《春秋》史書，聖人評議而不爭辯。由此可知，「談論」、「評議」與「爭辯」是三個不同的層次。到了爭辯就落於下層，各說各話，無法找到裁判了。莊子在此停了下來。

如果順著這種觀點再往下推，就會陷入古希臘辯士學派（The Sophists）的困境。高爾吉亞（Gorgias，483-374 B.C.）是這一學派的代表，他說：一，無一物存在；二，即使有物存在，也不能被認知；三，即使能被認知，這種知識也不能傳達。於是，每一個人都是自說自話，因為說了別人也聽不懂。辯士學派的思想傾向於懷疑論，不但懷疑認知的傳達，甚至懷疑知識的可能，因為萬物可能全是幻象。莊子認為毋需辯論，那麼他也有懷疑主義的傾向嗎？

答案是否定的。

他接著前面的話，繼續說出自己的結論：

辯論是非的聲音是互相對立才形成的，想化解這樣的對立，就要「和之以天倪」，也就是以自然的分際來調和。任何事物有「是」便有「不是」，有「然」便有「不然」。「是」果真是「是」，「是」與「不是」的差別就不須爭辯了；「然」果真是「然」，「然」與「不然」的差別也不須爭辯了。

「是」與「不是」，「然」與「不然」，往往只是言語上的區分，如果不作區分，或者不使用言語，不是更容易就萬物本身的實在情況來順應其變化，並且可以安享天年嗎？何況，同樣一句話，由於不同的時空條件、不同的人際關係、不同的主觀心情，很可能也對也不對。所以莊子說，先別說話或評論，讓萬物原本的樣子呈現出來。因為，不論你怎麼說，該出現的還是出現。例如古人認為月蝕是「天狗吃月」，今人認為那

原 化聲之相待，若其不相待，和之以天倪，因之以曼衍，所以窮年也。何謂和之以天倪？曰：是不是，然不然。是若果是也，則是之異乎不是也亦無辯；然若果然也，則然之異乎不然也亦無辯。忘年忘義，振於無竟，故寓諸無竟。

——《莊子・齊物論》

是天文學上的合理現象。古人與今人不論如何辯論，也不會使月蝕提早或延後出現。

莊子最後提出的方法是「忘年忘義，振於無竟」，也就是忘掉生死，忘掉是非，讓一切都止息於無窮，也長處於無窮。「無窮」是就「道」而言，因為一切來自於道又回歸於道。從這樣的整體來省思，難怪莊子會認為辯論是無用的。

【真相誰知】

回歸到我們的現實人生，在尚未抵達莊子所描述的境界之前，爭論是層出不窮的。我們經常把公平、正義作為追求的目標，然而，怎樣才算公平？誰能代表正義？不同的人有不同的解答，爭論便由此而出。

有人說，法律最公平，法官最可靠。另外有人馬上舉出相反的例子：美國有個醉漢駕車被送進法院，法官判他最重的刑罰。為什麼？因為這位法官的妻子就是被人駕車撞死的。另一人同樣酒醉駕車，卻只是罰款了事，因為他碰上的那位法官自己也常喝酒。法治環境完善如美國，不同的法官對於同類事件的判決，差異如此之大，而且都有相應的法律條文作依據，可見完全客觀公平之難。

古羅馬的正義女神畫像是手持天秤而雙眼蒙起的。為何蒙上雙眼？因為眼睛看到人的外表，很可能因而受到愚弄。有些人長得純真可愛，怎麼看都不像罪犯，另外一些人看上去邪惡凶狠，不化妝也像壞蛋，但事實未必如此。

我國古人也看到了解真相之難，因此杜撰出「神羊」之說。舜為天子時，皋陶（ㄍㄠ　ㄧㄠˊ）為士師（即法官），他遇到棘手的案子時，就讓神羊出場，因為牠會用角頂觸有罪者，使其無所遁形。但這只是美好的願望而已！

【打破假相】

再怎麼聰明的人都無法看到全部的真相。即使偶爾瞥見了某些真相，也無法以言語作恰當的描述。辯論的盲點正在這裡。因此我們每個人都應當經常提醒自己，不要把生命虛耗在許多無謂的論辯之中。

若要減少無謂的論辯，首先須化解偏見。在這方面，英國哲學家培根（Francis Bacon，1561-1626）的建議頗有價值。培根認為，進行正確而有效的思考，必須打破四種假相。

一、種族假相。人類號稱萬物之靈，在面對萬物時不免以自己的需求為中心，來決定萬物的價值。這就是種族假相。莊子在《齊物論》中談到什麼是舒服的住處、可口的味道、悅目的美色時，提醒我們不要以為人類是唯一的判斷標準。他以美色為例說：

「毛嬙、麗姬是眾人欣賞的美女，但是魚見了她們就潛入水底，鳥見了她們就飛向高空，麋鹿見了她們就迅速逃跑；這四者，誰知道天下真正悅目的美色是什麼？」

如果無法打破種族假相，又怎能如實了解萬物的美妙？

二、洞穴假相。人從出生開始，所學所思難免有所局限。不同國家、民族的生活習慣各有特色；同一國中不同地區的人也各有所好；再往下推，每一個人都像住在自己營造的洞穴中一樣。

在〈秋水〉篇中，魏牟認為比起莊子，公孫龍無異於井底之蛙。他說：

「你難道沒有聽過坎井之蛙的故事嗎？淺井裡的青蛙對東海來的大鱉說：『我真快樂呀！我一出來就可以在水井欄杆上跳躍，一回去就可以靠在破磚邊上休息。跳到水裡，水就接住我的雙臂，托起我的兩腮，泥就淹沒我的雙腳，蓋過我的腳背。』」

世間有多少人能擺脫井底之蛙的心態呢？這種洞穴假相不打破，又如何作判斷？

原 毛嬙、麗姬，人之所美也，魚見之深入，鳥見之高飛。麋鹿見之決驟，四者孰知天下之正色哉？

——《莊子・齊物論》

原 子獨不聞夫坎井之蛙乎？謂東海之鱉曰：「吾樂與！出跳梁乎井幹之上，入休乎缺甃之崖。赴水則接腋持頤，蹶泥則沒足滅跗。」

——《莊子・秋水》

三、**市場假相**。這是就傳聞而言，我們每天接收的信息五花八門，道聽塗說的情形所在多有。美國總統羅斯福（Franklin D. Roosevelt，1882-1945）面對經濟蕭條時，說過一句名言：「我們唯一恐懼的，就是恐懼本身。」恐懼可能像傳染病一樣到處蔓延，讓大家失去信心。我們今天處於類似的環境，不是也該破除市場假相嗎？

四、**劇場假相**。培根認為，有些哲學家把人生說得太清楚，其中卻包含不少臆測的成分，就像演戲一樣。與其盲目接受這樣的安排，不如自己認真品嘗生活的滋味。少談主義與學派，多看看真實的世界是怎麼回事。

想打破上述四種假相，不是容易的事。但是如果繼續受困於這些假相中，我們憑什麼肯定自己可以進行客觀的觀察、反省、推理與辯論呢？

明白培根的用意之後，我們應該怎麼做就比較明確了。

首先，盡量避免與人發生爭論。大家來往，按照遊戲規則進行，最好筆之於書，白紙黑字，沒有爭論餘地。

其次，出現爭論時，不宜太過主觀。我參加會議時，最怕遇到一種人，他在大家爭執不下時會站起來說：「請大家聽我說，我這個人最客觀了！」這時我忍不住會說：「你這句話就不夠客觀！」事實上，天下沒有人是完全客觀的，不要以為自己說的就一定是真相。如果真的做到完全客觀，就對任何事情都無法發表評論，也就是根本不能表達任何意見。

再次，「道不同，不相為謀」。凡是意見，必有立場，「偏見」正是「有偏才有見」。若是無偏，沒有立場，又怎能提出什麼看法呢？與其嚮往沒有偏見，不如釐清自己的偏見何在。孔子建議我們採取「道不同，不相為謀」的處世態度，選擇自己的生活方式與人際關係。莊子是道家，他所謂的道是合一切而觀之的整體，在他看來，「不相為謀」，更不相辯論，實在是因為沒有必要，就讓言語所發出的聲音止息於無窮的虛空中吧。

最後值得一談的，是與辯論有關的語言。使用語言是人類區別於動物的重要標誌。《老子》第一章在「道可道，非常道」之後，為何緊接著說「名可名，非常名」？因為，不論道是什麼，若要讓人理解，首先須為它「取名」。名是概念，若無概念，則無法進行思考。對人而言，萬物若未定名，則無異於不存在。《老子》接著說：「無名，萬物之始；有名，萬物之母。」其故在此。

用語言來表達真實之物，並非沒有困難。我們稍前引述高爾吉亞「知識無法傳達」的觀點，還可以再推進一步說：即使傳達了，也無法得到別人的正確理解。於是我們說話時，有時說得越多，別人的誤會也越深。有時什麼話都不說，別人反而理解了。這是事實勝於雄辯的例子。

佛教中有「聖默然」的意境，就是認為沉默不語勝過滔滔雄辯，因為真實之物不可說盡也不必說盡。莊子的道可以理解為「究竟真實」，豈是言語可以說得清楚？莊子勸我們不必辯論，是要讓風波平息，大家可以在道中順其自然，相安無事。

第十講

如何安放心靈

隨著社會歷史的變遷，價值標準也不斷變遷。如何在各種社會評價下，求得安適？

提到一個名字，我們一般會想知道，他是誰？是什麼身分、地位？有什麼成就？接下去，我們可能考慮以什麼方式與他交往，最好是合乎社會所重視的規格。規格包括禮儀、法律與風俗習慣，是維持社會秩序不可或缺的條件。久而久之，我們牢記並奉行這些規格，往往忘了人際關係不能沒有真誠，否則大家行禮如儀、送往迎來就成了作戲或作秀了。浪費生命，虛擲光陰，莫此為甚。

莊子最討厭虛偽作假，所以他筆下有「真人」一詞，用來嘲諷無處不在的「假人」。「真人」是什麼樣的人呢？在紛繁複雜的現代社會中，應當如何安放我們的心靈？

【相濡以沫】

莊子對魚的觀察頗為細膩，也常以魚為喻來說明人的處境。有關彼此「相忘」的說法，多次出現。

在〈大宗師〉篇中，他說：

「泉水乾涸了，幾條魚一起困在陸地上，牠

原 泉涸，魚相與處於陸，

們互相吹氣來溼潤對方，互相吐沫來潤澤對方，這實在不如在江湖中彼此相忘。」

這一段開場白之後，他接著說：

「與其稱頌堯而批評桀，不如忘記兩者而一起融合於道中。」

莊子希望我們對人間的是非善惡不要太過執著，如果太過在意他人的外在評價，自己將受困於這樣的評價而忽略生命原本的樂趣。

〈天運〉篇裡重複了這段「相忘於江湖」的故事，而且說：

「天鵝不必天天洗澡，自然潔白；烏鴉不必天天浸染，自然漆黑。黑白是天生的，不值得辯論；名聲是表面的，不值得推廣。」

莊子把人間名聲的好壞，比作天鵝與烏鴉天生的黑白顏色，這對社會的價值標準似乎是個挑戰。但是，不可否認的是，隨著人類社會歷史的

相呴以溼，相濡以沫，不如相忘於江湖。與其譽堯而非桀也，不如兩忘而化其道。

——《莊子・大宗師》

原 夫鵠不日浴而白，烏不日黔而黑。黑白之樸，不足以為辯；名譽之觀，不足以為廣。

——《莊子・天運》

變遷，價值標準也在不斷變遷中。莊子的目的不在否定社會評價，而是指出它的相對性，設法超越它的限制，再求得個人的安適生活。

他在〈大宗師〉中這樣繼續闡述他的觀點：

「天地用形體讓我寄託，用生活讓我勞苦，用老年讓我安逸，用死亡讓我休息。所以那妥善安排我的生命的，也將妥善安排我的死亡。」

理解了這段話之後，誰還會為了自己的社會成就與自然狀況而煩惱呢？人的出生並非源於自己的努力，人的遭遇多半也是順勢而行，死亡來臨時沒有人可以逃避。這一切不是宿命觀點，而是真實的描述。既然如此，我們何必用盡心思去爭取或改變什麼？

他接著又作了生動的比喻：

「把小船藏在山谷裡，把山藏在大澤裡，可以說是牢固了。然而半夜有個大力士把它們背

原 夫大塊載我以形，勞我以生，佚我以老，息我以死。故善吾生者，乃所以善吾死也。

——《莊子．大宗師》

原 夫藏舟於壑，藏山於澤，謂之固矣！然而夜半有

走，糊塗的人還不知道呢！」

這段話使人想起《老子》四十四章所云：「甚愛必大費，多藏必厚亡。」意思是說，過分愛惜必定造成極大的耗費，儲存豐富必定招致慘重的損失。一個人收集了許多寶物，最後即使帶進棺材中，他能享用嗎？盜墓者遲早會全部偷走。〈外物〉篇有一段「儒者盜墓」的故事，極盡諷刺之能事，其中有一句還引用逸詩：「青青之麥，生於陵陂。生不布施，死何含珠為？」意思是說，青青的麥穗，生長在山坡上。生前不布施給人，死後又何必含珠！

莊子最後總結說：

「藏小物與藏大物即使各得其宜，還是會遺失。如果把天下藏在天下裡，使它無從遺失，那才是萬物恆存不變的真實情況。如今偶然獲得人的形體，就很高興；像人這樣的形體，千變萬化

力者負之而走，昧者不知也。藏小大有宜，猶有所遯。若夫藏天下於天下而不得所遯，是恆物之大情也。特犯人之形而猶喜之。若人之形者，萬化而未始有極也，其為樂可勝計邪？故聖人將遊於物之所不得遯而皆存。善夭善老，善始善終，人猶效之，又況萬物之所係，而一化之所待乎！

——《莊子．大宗師》

而沒有窮盡，那麼快樂還能數得完嗎？所以聖人悠游於萬物都無從遺失的地方，而與萬物共存。對於能夠妥善安排少年、老年、開始、終結的人，大家都會效法他；何況是對於萬物賴以維繫、一切變化所憑藉的道呢？」

面對變化，似乎一切都不可靠。莊子卻逆向思考，認為變化既然是不可改變的客觀事實，並且再怎麼改變也還是「在道之中」，那麼，我們對於自己的年紀、身體狀況、社會成就、人際關係，又何必過於愛憎呢？

【排除世俗的掛念】

魏晉時代的士人講究清談，所談內容大都以《老子》、《莊子》、《易經》這三本書的啟發為主，號稱「三玄」。清談時不問身分背景，只看悟性高低與言詞機鋒。交友時也找與自己程度相當的人來往。當時有些善於清談的出家僧人，也受到士人歡迎。

《世說新語》中有不少這樣的記載，下面就是幾個例子。

竺法深頗具聲名，曾經應邀到簡文帝府中做客，遇到了劉惔（ㄉㄢˋ）。劉惔問他：「出家人怎麼也到王公貴族家走動？」竺法深隨口回答：「您看到的是王公貴族家，在貧道看來卻好像是在貧苦人家走動一樣。」

竺法深不愧是得道高僧，眼中沒有朱門與貧戶之分；或者，更準確地說，世俗的王公貴族在他看來無異於貧苦人家，因為富貴榮華皆是過眼雲煙，根本微不足道。人如果只靠身外之物（如名利、權位）來裝扮自己，終究會備感空虛。亞歷山大大帝（Alexander the Great，356-323 B.C.）建立了橫跨歐亞非三洲的龐大帝國，僅活了三十三歲，死時雙手空空垂下，以此昭告世人什麼都帶不走，一切終將放下。

另一位著名僧人是道安和尚。郗（ㄔ）超身為朝廷高官，對道安的品德與學問既欽佩又推崇。他特地派人奉送一萬斗米供養，並附上長長的一封信，表示殷切的心意。道安的回信只有一句話：「損米，愈覺有待之為煩。」意思是說，讓你破費這麼多米，我更覺得有所依靠的煩惱。

這裡出現了「有待」一詞。在〈逍遙遊〉中，最高的境界是「無待」。想達到這種境界，必須排除對世俗的掛念，並且超越自然界的限定條件。就世俗而言，「即使全世界的人都稱讚，他也不會特別振奮；即使全世界的人都責備，他也不會特別沮喪」。真不知天下何人可以做到？

再就自然界而言，他說：「像列子能夠乘著風勢而飛行，姿態輕巧美妙，過了十五天才回來。……這樣雖然免於步行之累，但還要等待風力配合。」列子是否真能「御風而行」，我們不

原　且舉世而譽之而不加勸，舉世而非之而不加沮……夫列子御風而行，泠然善也，旬有五日而後反。……此雖免乎行，猶有所待者也。若夫乘天地之正，而御六氣之辯，以遊無

得而知，但是就像大鵬鳥一樣，沒有風力就無法高飛，還是有所等待。

那麼，怎樣才能「無待」呢？莊子說：

「如果有人能夠順應天地的常道，由此把握自然界的變化規律，再遨遊於無窮的境界。那麼他還要等待什麼呢？所以說，至人化解自我，神人化解功績，聖人化解名聲。」

這段結語所談到的依然是兩方面：就世俗而言，必須努力化解「自我、功績、名聲」，不要讓社會的枷鎖局限了自己。就自然界而言，只要明白常道與規律，採取順應的態度，天地之大何處不可逍遙？

然而，莊子是獨來獨往的人嗎？〈天下〉篇中說莊子「獨自與天地精神往來」，又說他「在上與造物者同遊」，那麼，他在人間難道沒有朋

窮者，彼且惡乎待哉！故曰：至人無己，神人無功，聖人無名。

——《莊子・逍遙遊》

友嗎？莊子的理想是「在下與超脫生死、忘懷始終的人做朋友」，但是世間真有這樣的人嗎？〈大宗師〉篇中記載了這樣一個故事：

子祀、子與、子犁、子來在一起談話，說：「誰能把『無』當作頭，把『生』當作脊樑，把『死』當作尾椎；誰能明白死生存亡是一個整體，這樣的人，我才願意同他交往。」四個人相視而笑，內心契合，於是結為朋友。

從此以後，「相視而笑，莫逆於心」一語就成為世間交友的最高境界。一般人做得到嗎？莊子所列出的條件很清楚：萬物皆來自於無，亦即本來無一物；我們現在擁有存在的機緣，可以生活一段時間；而將來總是會結束的，沒有任何例外。能從整體來看待這一切的，就不會有分別心與情緒反應，大家交往時也就不會計較年齡、身

原　子祀、子與、子犁、子來四人相與語曰：「孰能以無為首，以生為脊，以死為尻；孰知死生存亡之一體者，吾與之友矣！」四人相視而笑，莫逆於心，遂相與為友。

——《莊子．大宗師》

分、地位、名聲等等。正如魚在水中忘了自己是魚，又何須考量自己是誰，要取得什麼樣的成就呢？人有交友的自由，更有自處的自由。因此，無待的理想並非空想。

【保持內心的完整與單純】

小孩子為什麼可愛？因為他尚未開竅，顯得渾沌一片。關於「渾沌」，〈應帝王〉篇裡有一則著名的寓言：

南海的帝王是儵。北海的帝王是忽，中央的帝王是渾沌。儵與忽時常在渾沌的土地上相會，渾沌待他們非常和善。儵與忽想報答渾沌的美意，就商量說：「人都有七竅，用來看、聽、飲食、呼吸，惟獨他什麼都沒有，我們試著為他鑿開。」於是，一天鑿開一竅，七天之後渾沌就死了。

「儵（倏）」與「忽」，都是描寫行動迅速的，代表積極有為。至於渾沌，則是指未分的渾同狀態，充滿無限的可能。現在南北二帝為他開了七竅，是以人作為標準，讓他可以像人一樣視

原 南海之帝為儵（ㄕㄨˋ），北海之帝為忽，中央之帝為渾沌。儵與忽時相與遇於渾沌之地，渾沌待之甚善。儵與忽謀報渾沌之德，曰：「人皆有七竅以視聽食息，此獨無有，嘗試鑿之。」日鑿一竅，七日而渾沌死。

——《莊子．應帝王》

聽食息，如此一來的後續發展，自然是：接觸外物，產生情緒反應，發出愛憎念頭……

「渾沌之死」已成事實，人注定要接受啟蒙而逐漸成長，那麼人生看來似乎是悲觀的。事實真相如何呢？莊子著書立說的目的，就是告訴我們可以經由修練而改變這種狀況。

〈天地〉篇中有這麼一個故事：

子貢經過漢水南岸，見到一位老人用甕盛水澆菜，辛苦勞累而效果不彰，便好心建議用桔槔（ㄐㄧㄝˊ ㄍㄠ）打水，反而招來老人反唇相譏。老人說，他是聽老師教的：「使用機械的人，一定會進行機巧之事；進行機巧之事的人，一定會生出機巧之心。機巧之心存在於胸中，就無法保持純淨狀態；無法保持純淨狀態，心神就不安定；心神不安定的人，無法體驗大道。」

這種推理根據的是：一、人生最高目標是體

原 子貢南遊於楚，反於晉，過漢陰，見一丈人方將為圃畦，鑿隧而入井，抱甕而出灌，搰搰然用力甚多而見功寡。子貢曰：「有械於此，一日浸百畦，用力甚寡而見功多，夫子不欲乎？」……為圃者忿然作色而笑曰：「吾聞之吾師：『有機

驗「大道」；二、人心一旦開始計較利害得失，就很難再回頭了。依此而論，如果進行修練，關鍵就在於如何減少計較的分別心。例如我們今天的生活不可能不使用機械，但是我們可以反問，機械一定不好嗎？

德國哲學家海德格（Martin Heidegger，1889-1976）指出，科技的發明，原是人類力量的延伸，是為了幫助人類製造更多生活物品，使人類過得更自主、更愉快。但是，最後呢？科技彷佛擁有自己獨立的生命，反過來「宰制」人類。試問今天有誰可以完全擺脫科技的控制？上班如果忘了帶手機，整天惶惶不安；手機只要半小時沒響，難免心神不寧；上網時忽然停電，立即手足無措，有如世界末日。

然而文明是不可能走回頭路的。海德格的建議是減少外界干擾。他認為，人的自我經常被自

械者必有機事，有機事者必有機心。機心存於胸中，則純白不備；純白不備，則神生不定；神生不定者，道之所不載也。』吾非不知，羞而不為也。」

——《莊子・天地》

己遺忘，例如因為「閒談、好奇與模稜兩可」，而將注意力全部投射於外在世界。閒談所說大多數是沒有確認的八卦消息，不僅現代人如此，據說埃及一座金字塔中找到一塊石碑，專家經過長期研究，發現碑文所刻是女王所說的當時一段八卦。

好奇是人的天性，但是別忘了蘇格拉底（Socrates，469-399 B.C.）的話：「我的朋友不是城外的樹木，而是城內的居民。」與其探索自然界，不如多注意人間問題；再進一步，與其思考人間的複雜現象，不如回到我們的內心，先求「認識自己」。蘇格拉底宣稱，神明肯定他是雅典最明智的人，原因是只有他知道自己無知。承認自己無知，就會以謙虛而開放的心態接納真理的啟示。

希臘語的「真理」，字面意義是「揭開來」（aletheia）。一個人自小所見所聞的一切都可能形成障礙，從而遮蔽了自己的目光。真理受到遮蔽，其實是人自己造成的結果。「解鈴還需繫鈴人」，自己製造的問題又能求助於誰來解決呢？

恢復渾沌的方法，不是去除耳目口鼻這些感官，而是保持內心的完整與單純；做自己分內該做的事，但不計較成敗得失，不論出現任何後果，都坦然大方接受；對自己的一切遭遇，皆以順應方式去面對。找不到可以「相忘」的朋友，不妨先練習在「大道」中忘記自己，由此體會悠遊江湖的魚之樂。

第十一講　孝的真諦

以健康正常的心態面對身為子女的角色與責任，孝順時的「忘」，正是快樂的源泉。

最原始也最悠久的人類倫理關係，是父母與子女。每個人都是父母所生，在正常情況下也是由父母撫養長大，所以孝順成為人類普遍的要求。世界各大宗教無不以孝順作為遵行的準則。

我們平常所聽到關於孝順的說法，多數是從儒家那裡來的，其實莊子在這方面也有一套精采的觀點。《莊子・人間世》中特別藉孔子之口說：

「天下有兩大戒律：一是命，一是義。子女愛父母，這是自然之命，也是人心所不可解除的；臣子侍奉國君，這是人群之義，無論任何國家都不能沒有國君，這在天地之間是無可逃避的。這叫作大戒律。」

以此為出發點，我們探討莊子關於孝順的觀點，就更有趣了，相信也會得到不少啟示。

【孝的六個層次】

莊子在〈天運〉篇親自上場，談到孝的六個層次：

「用恭敬來行孝容易，用愛心來行孝較難；

原 以敬孝易，以愛孝難；

用愛心來行孝容易，行孝時忘記雙親較難；行孝時忘記雙親容易，行孝時使雙親忘記我較難；行孝時使雙親忘記我容易，我同時忘記天下人較難；我同時忘記天下人容易，使天下人同時忘記我較難。」

這段話在說些什麼？我們依次來作說明。

首先，用恭敬來行孝。這是大家熟悉的觀念。儒家認為，表示恭敬至少要做到兩點：

一、按照禮儀的規定。孔子教導貴族子弟孟氏，對待父母必須「生，事之以禮；死，葬之以禮，祭之以禮」（《論語・為政》）；第二點則是發乎內心的尊敬。

很可惜的是，《論語・為政》中，子游問孝時孔子所回答的一段話長期受到曲解。原文是：「今之孝者，是謂能養；至於犬馬，皆能有養；不敬，何以別乎？」自南宋朱熹以來的大多數學

以愛孝易，以忘親難；忘親易，使親忘我難；使親忘我易，兼忘天下難；兼忘天下易，使天下兼忘我難。

——《莊子・天運》

者都理解為：子女若是缺乏敬意，那麼奉養父母與豢養犬馬有何差別？但是將父母比擬為犬馬，實為不孝之至，豈能出於孔子之口！

孔子的意思是，子女奉養父母，有如犬馬服侍人；子女若無敬意，何異於犬馬？我們今天還在使用「願效犬馬之勞」一語，來表示對別人的感謝之情。以犬馬比擬子女，才算恰當，但重點仍是凸顯出恭敬之心。

二、**用愛心來孝順**。這也是孔子所強調的。子夏問孝時，孔子說：「色難。有事，弟子服其勞；有酒食，先生饌；曾是以為孝乎？」意思是，子女保持和悅的臉色是最難的。有事要辦時，年輕人代勞；有酒菜食物時，年長的人吃喝；這樣就可以算是孝了嗎？

談到和悅的臉色，那顯然是出於愛心。朱熹這一次說得不錯：「蓋孝子之有深愛者必有和氣，有和氣者必有愉色，有愉色者必有婉容，故事親之際，惟色為難耳。」這是引述《禮記・祭義》裡的一段話。

就前面這兩個層次而言，儒家的教誨廣傳天下，成為正宗的觀念，對社會和諧的貢獻很大。

三、**行孝時忘記雙親**。從這一步開始，出現「忘」這個字，表示要超越及化解，不宜念念不忘自己在行孝。一存著這樣的心，就難免有其執著，各種問題就會隨之而來。

所謂忘記雙親，就是子女把父母當成自己的好朋友。有事互相商量，心情好壞皆可互相支持與安慰。父母年齡越來越大時，看到子女對自己無話不談，甚至可以在許多方面提出高明的見解，心中的快慰不可言喻。

四、行孝時讓雙親忘記我。這種孝順更進一步，使父母忘記子女是子女，把子女當成朋友，完全沒有什麼代溝問題。父母自由向子女訴說自己的心情故事。到了這一步，家庭成為堅實而溫暖的堡壘，外面的風風雨雨都不能造成任何干擾。我們想像中的家庭，大概以此為最高理想了。然而還有兩步可以提升。

五、行孝時我同時忘記了天下人。這時我已經超越了世俗的評價，對別人說我孝或不孝，已經毫不在意了。老萊子七十幾歲時，為了取悅雙親，把自己裝扮成彩衣兒童又唱又跳的，摔跤時還發出嬰兒的哭聲，讓父母也有返老還童之感。他何嘗在乎別人品頭論足？

六、行孝時讓天下人同時忘記我。這是難以想像的境界。因為孝順父母是我自己可以負責的，但是讓天下人同時忘記我在孝順，又該怎麼做呢？簡單說來，就是使天下人無法察覺我在孝順，甚至在看到我與父母相處時，完全忘記了「孝順」這個評價字眼，大家都像魚一樣，在江湖中彼此相忘。

由此可知，莊子對於世人所重視的孝，不但不反對，還想進一步使它臻於道家的理想。從「道」這個整體來看，可以化解一切道德要求所帶來的壓力，使人際關係回到真實的原點，因為人的幸福亦以此為保障。

【拿捏行孝的分寸】

《世說新語》中有一個溫馨的故事：

韓康伯六、七歲的時候，家裡很窮，到了大冷天，他只有一件短襖可穿，那還是母親親手為他縫製的。母親做這件短襖時，叫康伯拿著熨斗取暖。短襖做好之後，母親說：「你先穿上短襖，我再給你做一件夾褲。」康伯說：「已經夠了，不要夾褲了。」母親問他為什麼，他說：「炭火在熨斗中，熨斗的手柄就熱了；現在我穿上短襖，下身也會暖和，所以不用再做夾褲了。」母親聽了非常驚訝，知道他將來會成為國家的棟樑之才。

像韓康伯這麼聰明乖巧又孝順體貼的孩子，確實是父母衷心所盼望的。但是正如子女不能選擇父母，父母也同樣無法選擇子女。事實上，子女的性格往往深受父母身教的影響。美國是個現代化國家，但人的心理狀況卻特別複雜麻煩，不少人都有心理醫師，心情不好就找醫師訴苦。根據相關研究，家庭對人會造成或大或小的傷害，人的心理疾病通常是五歲以前的生活經驗所造成的。這兩點說明了一件事，就是許多父母未能扮演好自己的角色。

父母是平凡的人，也有人性的各種弱點，加上觀念偏差、判斷失誤、欲望不當，於是言行表現也難免離奇怪誕了。儒家推崇孝順，但不認同盲目維護或順著父母去為惡。孔子說：服事父母時，發現父母有什麼過錯，要委婉勸阻；如果自己的心意沒有被接受，仍然恭敬地不去觸犯他們，內心憂愁但是不去抱怨（《論語・里仁》）。

子女有責任勸諫父母，若是行不通，則設法減少父母的過錯，或者多行善事來彌補社會。在《孟子・萬章上》中，多次談到舜的故事。舜處在一個匪夷所思的恐怖家庭中，此時舜保住性命就是孝順了，因為這樣可以不讓父母為其惡行而受法律制裁。後來他以天子的身分造福百姓，這樣，父母即使在其他方面有些惡行，也不難因為舜的功績而被人原諒。

孟子的學生依然提出一個假設的問題：如果舜的父親殺了人，舜身為天子該怎麼辦？這種問題確實有可能出現，對儒家的孝順觀也是重要的檢驗。《孟子・盡心上》這麼記載著：

桃應請教說：「舜是天子，皋陶是法官，如果瞽叟（ㄍㄨˇ　ㄙㄡˇ）殺了人，應該怎麼辦？」孟子說：「逮捕他就是了。」桃應說：「那麼舜不會阻止嗎？」孟子說：「舜怎麼能阻止呢？皋陶是於法有據。」桃應說：「那麼，舜又怎麼辦呢？」

孟子說：「舜把丟棄天下看成像是丟棄破草鞋一樣。他會偷偷背著父親逃跑，沿著海邊住下來，一輩子開開心心，快樂得忘了天下。」

瞽叟是舜的父親，他殺的是誰？為什麼殺人？應該負什麼法律責任？這些問題不是做兒子的舜可以考慮的。舜只能考慮做天子還是做兒子。他若繼續擔任天子，就必須維護國家法律；他若只是個單純平凡的兒子，就有責任保護父親周全。判斷瞽叟犯了什麼罪，並且緝捕他歸案，是法官的職責；舜身為兒子，可以為父親放棄天子之位。天子別人可以做，但兒子卻是獨一無二的。

孟子與莊子是同時代的學者，二人分屬儒家與道家，但是讓人驚訝的是，孟子在此居然認為舜背著父親逃跑之後，會「快樂得忘記了天下」。莊子談到孝順的第五層次是「行孝時，我同時忘記了天下人」。這兩者竟是完全相同的。

我們從西方心理疾病的研究，聯想到中國古代學者的觀點，目的不在分辨高下，而在指出：不論父母的情況如何，每一個人都有可能也都應該經由學習與思考，化解早期的負面情緒，再以健康而正常的心態面對自己作為子女的角色與責任。孝順時的「忘」，正是快樂的源泉。

【孝是真實的情感】

一九八〇年代初期，我在美國耶魯大學念書。每逢星期六就看到有兩批家長開車帶著孩子到校園來，向學校租借教室，讓孩子有機會學習母語。兩批家長中，一為猶太人，一為華人。猶太人珍惜傳統，把他們的宗教經典當成「可攜帶的祖國」，因而維繫了強大的凝聚力。華人同樣珍惜傳統，讓孩子學習中文，也閱讀傳統的經典。我特地請教一個朋友，問他說：「你當初到美國留學時，恨不得自己的英文比中文好；現在你歸化為美國人，子女在美國出生，他們的英文與美國人一樣好。為什麼你反過來要求他們學中文呢？」

他回答我說：「我的孩子如果只會英文，變得像美國人一樣的話，我將來老了大概只能去住養老院了。我還是有大家庭的觀念，希望老了還能與子女共同生活，所以讓他們學中文，希望從中文裡面學習孝順的道理。」

他說的沒錯，小孩學中文之後確實比較重視自己的孝順責任。說來很有趣，西方人談孝順，連一個專有名詞都沒有。外國學者介紹中國文化時，對「孝」這個字一般採取兩種理解方式：一是強調「服從」，就是子女對父母服從。但是服從或聽話實在不足以把握孝順的真諦。二是凸顯中國人對孝順所特有的宗教情操，將它譯為「子女的虔誠」（filial piety）。西方人談「虔誠」，常有宗教含義。他們介紹中國宗教時，常會提及「祖先崇拜」一詞。兩者搭配來看，倒是可以言之成理。

但是我們自己談起孝順，很清楚地知道：一、「服從」太過表面化，未必可以涵蓋敬意與愛心。二、「虔誠」太過宗教化，又忽略了父母與子女之間的親密互動關係。由此可見，肯定孝順之德，確實是中國文化的一大特色。

孝順必須出自真實的情感，再配合社會上既成的規範。問題在於一般人往往只看外在表現，以致孝順也可能成為某種標榜。《莊子．外物》記載：「演門有個雙親過世的人，因為悲傷過度而形容枯槁，被封為官師。鄉人學他哀戚守孝，結果死了一半人。」鄉人在守孝時，顯然存著做官的念頭，就是以守孝為手段，達到獲取功名利

原 演門有親死者，以善毀爵為官師，其黨人毀而死者半。

——《莊子．外物》

祿的目的。這自然是本末倒置到了極點。

也有些人完全不顧社會規範，如位居「竹林七賢」之首的阮籍，就公然聲稱：「禮豈為我設邪？」（禮儀難道是為我這種人設置的嗎？）據《晉書・阮籍傳》記載，母親過世之後，阮籍又吃肉又喝酒，但是我想沒有人會懷疑他不孝順。所謂「性至孝」是史書作者說的，而阮籍一放聲就「吐血數升」，可見他心中的痛苦無以復加。阮籍與前述演門之人有些類似，都是出於真實的情感。

關於真實的情感，《莊子・漁父》裡有一段資料，是漁父開導孔子的話：

「真實，是專一而誠懇的極致狀態。不專一不誠懇就不能感動人。所以，勉強哭泣的人雖悲痛卻不哀傷，勉強發怒的人雖嚴厲卻不威猛，勉強親切的人雖微笑卻不和悅。真正的悲痛是沒有

原 阮籍「性至孝」，母終，正與人圍棋，對者求止，籍留與決賭。繼而飲酒二斗，舉聲一號，吐血數升。及將葬，食一蒸豚，飲二斗酒，然後臨訣，直言：『窮矣！』舉聲一號，因又吐血數升。毀瘠骨立，殆至滅性。

——《晉書・阮籍傳》

原 真者，精誠之至也。不精不誠，不能動人。故強哭

聲音而哀傷，真正的憤怒是沒有發作而威猛，真正的親切是沒有微笑而和悅。有真實在裡面的，神色才顯露出來，所以重視真實。

「禮儀，是世俗所設計成的；真實，是稟受於自然的，是自己如此而不可改變的。所以，聖人效法自然，重視真實，不受世俗拘束。愚人與此相反，不能效法自然，而去憂心人事；不知重視真實，卻沉沉浮浮隨俗而變。所以差得太遠了。可惜啊，你太早沉溺於世俗的虛無中，而太晚聽聞大道了。」

我們在思索孝的真諦時，重心也一定要回到真實的情感上。這是莊子用心良苦之處。

者雖悲不哀；強怒者雖嚴不威；強親者雖笑不和。真悲無聲而哀，真怒未發而威，真親未笑而和。真在內者，神動於外，是所以貴真也。……禮者，世俗之所為也；真者，所以受於天也，自然不可易也。故聖人法天貴真，不拘於俗。愚者反此，不能法天而恤於人，不知貴真，祿祿而受變於俗，故不足。惜哉，子之蚤湛於人偽而晚聞大道也。

——《莊子．漁父》

第十二講　做真實的自己

人生的可貴，不在於一次行動就止於至善，而在於從挫折、失敗、痛苦中，不斷修行與改善自己。

人的學習與模仿能力是其他生物比不上的，因而在「物競天擇，適者生存」的自然界中，占盡了一切優勢。

有其利也有其弊。人有時分不清楚學來的能力與本性的要求，以致終身都在扮演角色。西方所謂的「位格」（person），是指像人一樣具備「知、情、意」的主體。這個詞在拉丁文中原意是指「面具」（persona）而言。人的主要特色不正是面對不同的人而戴上不同的面具嗎？

位格不離面具，因為人無法獨自生存，但位格如果完全等同於面具，人還有真正的自我嗎？不僅如此，還有表裡不一致的問題，如借用名牌服飾的裝扮來提高內在的自信程度。表裡之間的關係又該如何衡量？這一類現象，在莊子看來要如何分辨呢？

【儒者的原貌】

莊子的文章以寓言居多，並且經常自己上場演出。既然是虛構的，就不必在乎時空是否錯亂。例如他可以與一百多年前的魯哀公討論一個有趣的話題，這是〈田子方〉篇裡的故事：

莊子晉見魯哀公。哀公說：「魯國的儒者很多，很少有學習先生這套道術的。」

莊子說：「魯國的儒者很少。」

哀公說：「全魯國的人都穿儒服，怎麼能說少呢？」

莊子說：「我聽說：儒者中戴圓帽的，懂得天時；穿方鞋的，明白地理；用五色絲帶繫玉玦的，遇事有決斷。君子有某種修養的未必穿某種服裝，穿某種服裝的未必了解某種修養。如果您認為我說的不對，何不下令國人：『不具備儒者修養而穿儒服的，都處以死罪。』」

於是哀公下號令五天，魯國沒有人敢再穿儒服。只有一個男子穿著儒服站在朝門。哀公召他來詢問國事，問題千變萬化，他都能從容應對。

莊子說：「全魯國只有一位儒者，可以算多嗎？」

原 莊子見魯哀公。哀公曰：「魯多儒士，少為先生方者。」

莊子曰：「魯少儒。」

哀公曰：「舉魯國而儒服，何謂少乎？」

莊子曰：「周聞之：儒者冠圜冠者，知天時；履句屨者，知地形；緩佩玦者，事至而斷。君子有其道者，未必為其服也；為其服者，未必知其道也。公固以為不然，何不號於國中曰：『無此道而為此服者，其罪死！』」

於是哀公號之五日，而

這個故事中，魯哀公就像一般百姓，以為服裝代表了真實狀況。一個人戴著勞力士手錶，未必守時；開著賓士跑車，未必遵守交通規則。同樣，穿上世界頂級的名牌，也許代表他有錢，但並不代表他高尚。

魯國是孔子的祖國，在孔子之後盛行儒家思想，甚至蔚為風尚，以致人人以穿上儒服為榮。從莊子的話中，我們知道他對儒服原本的設計還很清楚，圓帽、方鞋與玉玦，都有各自的含意及象徵，並不只是作為裝飾品。

在〈天下〉篇中，有兩段描寫儒家的話，第一段是：「以仁來施行恩惠，以義來建立條理，以禮來規範行動，以樂來調和情緒，表現仁愛慈善的溫和氣息的，稱為君子。」

第二段是：古人的智慧，「存在於《詩》、《書》、《禮》、《樂》中的，像儒家學者、官

魯國無敢儒服者。獨有一丈夫儒服而立乎公門。公即召而問以國事，千轉萬變而不窮。

莊子曰：「以魯國而儒者一人耳，可謂多乎？」

——《莊子．田子方》

原 以仁為恩，以義為理，以禮為行，以樂為和，薰然慈仁，謂之君子。……其在於《詩》、《書》、

吏士紳多半能夠通曉。《詩》是用來表達心意，《書》是用來記述政事，《禮》是用來規範行為，《樂》是用來調和情緒，《易》是用來通達陰陽，《春秋》是用來界定名分。」

這兩段話合而觀之，確實可以代表儒家的原本面貌。但是真能做到的有多少人？莊子對於真正合格的儒者，無疑是肯定多於批評的。他所大力抨擊的，當然是虛有其表的偽儒。

在孔子門下，子路曾經得到老師的稱讚。孔子說：「穿著破舊的棉袍，與穿狐貉皮裘的人站在一起，而不覺得慚愧的，大概就是子路吧？《詩經》上說：『不嫉妒，不貪求，怎麼會不好？』」子路聽了，就經常念這句詩。孔了說：「這樣固然是正途，但是還不夠好啊！」（《論語‧子罕》）

這段記載表明，孔子希望學生重內在修養而

《禮》、《樂》者，鄒魯之士，搢紳先生多能明之。《詩》以道志，《書》以道事，《禮》以道行，《樂》以道和，《易》以道陰陽，《春秋》以道名分。

——《莊子‧天下》

原 「衣敝緼袍，與衣狐貉者立而不恥者，其由也與？『不忮不求，何用不臧？』」子路終身誦之。子曰：「是道也，何足以臧？」

——《莊子‧子罕》

輕外在服飾。莊子明白這個道理，所以〈讓王〉篇中連續幾段文字是稱誦孔門弟子的，我們先介紹原憲與曾子。

原憲住在陋巷草屋中，而子貢則「騎著大馬，穿著素白的大衣，襯著天青色的內裡」，但是兩人一對話，子貢立即進退不得而面有愧色。

曾子情況更是慘不忍睹：「三天沒有生火煮飯，十年沒有添置衣裳。扶正帽子，帽帶就斷掉；拉住衣襟，手肘就露出；穿上鞋子，腳跟就著地。」但重要的是：「他口中吟唱〈商頌〉，聲音充滿天地，好像出自金石樂器。天子不能以他為臣，諸侯不能與他為友。」

這些是《莊子》書中所描寫的儒者真相。如果連這樣的條件也加上去，恐怕更沒有人敢穿上儒服了。人若缺乏內在修養，任何服飾都幫不上忙。莊子追求真實，立場十分明確。

原 曾子居衛，縕袍無表，顏色腫噲，手足胼胝，三日不舉火，十年不製衣，正冠而纓絕，捉衿而肘見，納屨而踵決。曳縰而歌〈商頌〉，聲滿天地，若出金石。天子不得臣，諸侯不得友。

——《莊子・讓王》

【由模仿外在到改變內心】

說到孔子的學生，修養最好的首推顏回。孔子曾說：「回的德行真好啊！一竹筐飯，一瓜瓢水，住在破舊的巷子裡。別人都受不了這種憂愁，他卻不改變自己的快樂。回的德行真好啊！」（《論語．雍也》）

我們好奇的是：顏回為什麼還會快樂？答案居然可以在《莊子》中找到。還是出自〈讓王〉篇：

孔子對顏回說：「你家境貧窮，住處簡陋，為什麼不去做官呢？」

顏回說：「我不願做官。我在城外有五十畝田，足夠供應我要吃的稀飯。在城內有十畝田，足夠生產我要穿的絲麻。彈琴足夠我自己消遣，所學老師的道，足夠我自得其樂。所以我不願做

原 子曰：「賢哉回也！一簞食，一瓢飲，在陋巷，人不堪甚憂，回也不改其樂。賢哉，回也！」

——《論語．雍也》

原 孔子謂顏回曰：「回，來！家貧居卑，胡不仕乎？」

顏回對曰：「不願仕。回有郭外之田五十畝，足以給飦（ㄓㄢ）粥；郭內之田

官。」

孔子聽了臉色一變，說：「你的心思很好啊！我聽說過：『知足的人不會為了利益而勞苦自己，自在的人遇到損失不會恐懼，修養內心的人沒有爵位也不會羞愧。』我講這些話已經很久了，如今在你身上才見到，這是我的收穫啊！」

以上自然是莊子的想像之詞，但其中頗有理趣。顏回之所以快樂，是因為他學了孔子之道。如果我們稍加留心，不難發現，莊子把孔子之道巧妙地轉移為老子之道了，就是人須「知足、自在與修養內心」。

不過，莊子真的不了解孔子的想法嗎？同樣在〈讓王〉篇中，記載孔子帶著一群學生因戰亂被困在陳國與蔡國之間，七天沒有生火煮飯，喝的野菜湯裡沒有米粒，而子路與子貢已經信心動搖，開始議論老師了。

十畝，足以為絲麻；鼓琴足以自娛；所學夫子之道者足以自樂也。回不願仕。」

孔子愀然變容，曰：「善哉，回之意！丘聞之：『知足者，不以利自累也；審自得者，失之而不懼；行修於內者，無位而不怍。』丘誦之久矣，今於回而後見之，是丘之得也。」

——《莊子・讓王》

孔子明白告訴學生：「君子領悟大道的，就稱為通達；隔絕大道的，就稱為窮困。現在我懷抱仁義的理想，卻遭逢亂世的禍患，有什麼窮困的呢？所以，內心反省而沒有隔絕大道，面臨危難而沒有失去操守。在天寒地凍、霜雪下降時，我才知道松柏的茂盛。在陳國、蔡國所受的困厄，對我來說其實是幸運啊！」

一般人都認為，道家的道十分玄妙高深，難以理解。但事實上，儒家的道同樣也不易理解。孔子公開宣稱「吾道一以貫之」（《論語・里仁》），同時又無奈地說「莫我知也夫」（《論語・憲問》）。他有這麼多弟子，居然還沒有人了解他。

孟子的時代上距孔子一百多年，他博學深思，連後來的司馬遷都說他「道既通」（《史記・孟子荀卿列傳》）。有一次，曹交想跟著孟

原 君子通於道之謂通，窮於道之謂窮。今丘抱仁義之道以遭亂世之患，其何窮之為？故內省而不窮於道，臨難而不失其德。天寒既至，霜雪既降，吾是以知松柏之茂也。陳、蔡之隘，於丘其幸乎！

——《莊子・讓王》

子學習，孟子擔心他資質有限，就告訴他一個最簡單的方法：

「你穿上堯所穿的衣服，說堯所說的話，做堯所做的事，這樣就成為堯了。你穿上桀所穿的衣服，說桀所說的話，做桀所做的事，這樣就成為桀了。」

由此看來，孟子並不反對學習可以由模仿外在到改變內心。服裝配合言行，是堯是桀，成好成壞，全在自己。但這真是兩個等值的選擇嗎？選好選壞沒有什麼應該依循的標準嗎？孟子的答案是回到內心，真誠面對自己，就知道應該何去何從。所以他又對曹交叮囑道：

「人生正途就像大馬路一樣，怎麼會難懂呢？只怕我們不去尋找而已，你回去尋找，老師多得很呢！」（《孟子・告子下》）

我們一談儒家，總是會強調善惡分辨，然後產生複雜的情緒與壓力。但了解孔孟思想之後，就會知道，人若真誠，就會由內而生一種力量，要求自己去行善。因此行善的快樂在內不在外。儒家的道，不離真誠，由真誠而感通人我之間應有的關係。這樣在實踐孝悌忠信這些德行時，不但不覺辛苦，反而會樂在其中。

莊子所反對的，是不真誠的儒家，是那些打著孔子的招牌而內心充滿雜念的人。古代不同的學派難免各有所好，但是在批判異端之時不可以偏概全。因此，不論學儒或學道，都不能忽略「真誠」與「真實」。

【在每個當下真誠負責】

一個人為什麼會虛有其表？

首先，是因為缺乏自信。《世說新語》中有一個故事，說明自信之可貴。

桓溫與殷浩從小認識，一起遊玩。長大之後分別從政，各有發展。桓溫懂得帶兵打仗，很快就升到大將軍，地位與權力都超過了殷浩。當時社會上的知名人物，除了追求具體成就之外，還很重視大家的品評分等，包括口才、風度、智慧等，都要分個高下。

桓溫知道自己與殷浩的名聲差不多，算是同一等級，所以常常存著爭勝的心理。他手握大權，志得意滿，就問殷浩說：「你老兄跟我相比，大概不行了吧？」殷浩回答說：「我和我自己來往已經很久了，我還是寧可做我自己。」

每一個人都是獨一無二而不可替代的，如果羨慕別人，可以藉此鞭策自己努力學習，但是不可能、也沒有必要成為別人。別人為了取得成就，恐怕付出了難以想像的代價；從他的角度看來，說不定希望做個平凡的人，過著單純而自在的生活呢！

其次，有些人偽裝是為了取得利益。《世說新語》記載，曹操受封魏王後，有一天準備接見匈奴使者。他自覺相貌醜陋，不足以在外國使者面前顯示威武，就選了崔琰代替他，讓他穿上王袍坐在主位上，自己則握刀站在旁邊。接見結束以後，匈奴使者打道回國，曹操派間諜去問這位使者說：「你看魏王怎麼樣？」

使者回答說：「魏王固然相貌堂堂，但是他旁邊的捉刀人，才是真正的英雄啊！」

曹操聽了之後，派人趕去殺了這個使者。

曹操偽裝武士，讓崔琰偽裝大王，目的是讓匈奴使者覺得中原仍有相貌可觀的領袖人才。殊不知這位使者見多識廣，一眼看出座旁武士才是不平凡的人物。曹操詭計未能得逞，就殺人了事。曹操殺人不算新聞，而他好面子、搞偽裝也同樣讓人不齒。

說到扮演角色，現在習稱模仿秀，自然是職業演員最擅長這種本事。在默片電影時代，最有名的演員大概要屬卓別林（Chaplin，1889-1977）。有一天，他看到一則「扮演卓別林比賽」的消息，就報名參加。結果他只得到第三名，換言之，另外兩個人比卓別林更像卓別林。那麼，到底真正的卓別林是什麼樣子？恐怕天下無人可以回答了。

我們也可以問自己：什麼是真正的我？我們每天都在變化，這種變化如果只限於相貌與體形，再怎麼變也是有跡可尋，但真正變化最大的是心中的觀念與人格的修養，這是無形之變。

變化是不可避免的，我們應該如何保持表裡一致呢？這個問題只能求助於當下的真誠。蘇格拉底過世之前，弟子請教他，今後如何尋求指引。他說：「今後你們要按照自己所知最善的方式去生活。」我們今天所知道的，未必是明天所認可的，但是我們只能為今天這個當下負責。如果擔心明天會有不同的看法，那麼明天之後還有明天，就什麼事都無法決定了。

按照我們現在所知最善的方式去生活，如果明天有新的發現，再設法從善如流。對於過去因為無知而作的錯誤判斷，就接受其後果，勇敢改正吧！人的尊嚴，不在於不會犯錯，而在於犯錯之後願意承認錯誤並承擔後果。人生的可貴，不在於一次行動就止於至善，而在於接受鍛煉，在挫折、失敗、痛苦中，不斷修行與改善自己。

我們一生最重要的問題，不是成就了什麼豐功偉業，而是是否活得充實而快樂。那麼，首先就請化解虛有其表的誘惑，以免在追逐外物時迷失了自己的方向。有誰能一生扮演別人而內心踏實？也許有吧，但是我未曾聽說過。

第十三講 活出真性情

自求真誠，才能感通人我關係，否則連行善也可能流於形式。

現代人在心理上最大的困擾是憂鬱症。憂鬱症的病因相當複雜，主要症狀卻差不多，用它的英文字來說，就是「受到壓抑的症狀」（depression），表現為無精打采，對日常活動缺乏興趣等等。

誰不喜歡活得有聲有色？但是各種壓力紛至沓來，讓人失去信心，裹足不前，覺得一件事做成沒做成都差不多，甚至做或不做也差不多，到了最後，活著與否也差不多了。

我們無法改變外在世界，但至少可以設法改變自己的心態。做事不要老想著目的與結果，練習在過程中感受快樂。最根本的方法是活出自己的真性情，減少別人的評價對自己的影響。

【不入於心】

莊子在〈田子方〉篇中說：「百里奚不把爵位俸祿放在心上，所以養牛而牛肥，讓秦穆公忘記他地位卑賤，把國政交給他。舜不把生死放在心上，所以孝行可以感動世人。」

原 百里奚爵祿不入於心，故飯牛而牛肥，使秦穆公忘其賤，與之政也。有虞氏死生不入於心，故足以動人。

有關百里奚與舜的事蹟，可以作不同理解，但是莊子都用「不入於心」來說明，凸顯他們做事專注，心無旁騖（ㄨˋ），然後可以感動別人。

接著莊子引入主題：

宋元君打算畫些圖樣，所有畫師都來了，行禮作揖之後站在一旁；調理筆墨，半數的人站到門外去了。

有一位畫師稍晚才到，悠閒地走進來，行禮作揖之後也不站立恭候，就直接到畫室去了。宋元君派人去察看，見他解開衣襟，袒露上身，盤腿端坐著。宋元君說：「行了，這才是真正的畫師。」

宋元君在莊子筆下出現多次，大概因為莊子是宋國人的緣故吧。召來全國的畫師，但選誰比較合適呢？宋元君考慮的不是技巧或經驗，而是真性情。畫家如果少了一份真性情，他的作品便

宋元君將畫圖，眾史皆至，受揖而立；舐筆和墨，在外者半。有一史後至者，儃儃然不趨，受揖不立，因之舍。公使人視之，則解衣槃礴，裸。君曰：「可矣，是真畫者也。」

——《莊子．田子方》

不可能成為真正的藝術品。這位畫家正是因其不同流俗的真性情而得以雀屏中選。

《世說新語》中有一段相應的佳話：

郗鑒與王導都是朝廷大官，門當戶對。郗鑒有女初長成，想在王家挑選一位女婿，就派專使送一封信到王府，說明來意。王導對使者說：「您到東廂房去，任意挑選吧！」

這位使者回來稟告郗鑒說：「王家幾位公子都是可取的人才，他們聽說太傅派人來選女婿，個個表現得莊重沉穩。只有一位公子露著肚子躺在東廂房的床上，好像沒有聽說這件事一樣。」打聽那人是誰，原來是王羲之。郗鑒就把女兒嫁給他了。

郗鑒挑選女婿，首先考慮的也是真性情。如果善於逢迎，老於世故，將來夫妻相處恐怕不易和樂。他沒有料到的是，王羲之後來成為偉大的書法家。如果少了這份真性情，或許也不易成就偉大的藝術品了。就王羲之來說，也許他正好讀過《莊子》這一段寓言，抱著「得之我幸，不得我命」的想法，他的表現與那位畫師如出一轍。兩相輝映，著實有趣。

說到「真率」，《世說新語》所記載的魏晉士人事蹟中，大概首推王述了。簡文帝談起王述的為人，說：「才能並不突出，對名利也不淡薄，但是以他的一點直率，就抵得上別人很多很多了。」

王述曾在王導府中擔任幕僚。聚會討論時，經常是王導一發言，眾人就爭相讚美，王述的反應如何呢？他說：「丞相不是堯、舜，怎麼可能每件事說的都對呢？」王丞相對他不但不責怪，反而十分讚賞。

後來王述升任尚書令，一接到任命就去上班。兒子勸他說：「謙讓是美德，您應該推辭一番。」但他毫不考慮裝腔作勢的官場文化。

謝安稱讚王述說：「這個人揭開一層表皮，顯露出來的全是純真。」

純真的人容易得到大家的肯定，這是因為大家心中對於真性情都有一份原始的嚮往。但是處於人間，又不可能直來直往，好像完全不必考慮合宜的禮儀規範似的。孔子說：「質勝文則野，文勝質則史。文質彬彬，然後君子。」（《論語・雍也》）人的質樸與文飾搭配得宜，才能成為君子。

問題在於，當質樸與文飾難以並存時，又該如何取捨？莊子當然是偏重質樸勝於文飾了。文飾常需考慮場合、對象，質樸則是出乎內心的真誠。文飾常在調節之中，質樸則不改真性情的本來面目。

【通曉世理而自然流露】

孔子教學時，《詩經》是主要教材。他說：「詩三百，一言以蔽之，曰：思無邪。」（《論語‧為政》）許多學者將「思無邪」理解為「思想純正無邪」，實在不符孔子之意。因為《詩經》不談思想，而是文學作品，文學作品貴在真情。

孔子又說：「《詩》，可以興，可以觀，可以群，可以怨。」（《論語‧陽貨》）這裡談到的「興、觀、群、怨」皆與思想無關，而是專就真情引發的讀者情感而言。人在社會上與人相處，久了之後忘記何為真情，而只問利害。孔子鼓勵學生閱讀《詩經》，意在提醒他們自求真誠，否則難以感通人我關係，連行善也可能流於形式，如此自然遠離了儒家的理想。

莊子用許多故事來說明如何做到真誠。在〈田子方〉篇中，孫叔敖擔任楚國宰相，三上三下都怡然自得，這是因為他明白了下述道理：

「我認為令尹的職位來時不可推辭，去時不可阻止；我認為得與失都由不得我，所以就沒有憂愁的臉色了。我有什麼過人之處呢？再說，不知道可貴的是在令尹呢？還是在我呢？如果是在令尹，就與我無關；如果是在我，就與令尹無關。我正躊躇得意，環顧四周，哪有空閒去管別人所謂的貴與賤呢！」

像這種明白道理之後的真誠表現，才是莊子所肯定的。作為宰相的孫叔敖如此，另有一位屠羊說也是如此，而後者的故事更為生動有趣。這是〈讓王〉篇中的故事：

楚昭王棄國逃亡時，有一個名叫說的屠羊人跟隨昭王出走。昭王回國復位後，要獎賞跟隨他的人，找到了屠羊說。

屠羊說說：「大王喪失國土，我失去屠羊的工作；大王回國復位，我也回來繼續屠羊。我的爵位利祿已經收回來了，還有什麼可獎賞的！」昭王說：「勉強他接受。」

屠羊說說：「大王失去國土，不是我的過錯，所以我不敢受懲罰；大王回國復位，不是我的功勞，所以我不敢接受獎賞。」昭王說：「叫他來見我。」

屠羊說說：「楚國的法令規定，一定要受重

原 吾以其來不可卻也，其去不可止也；吾以為得失之非我也，而無憂色而已矣。我何以過人哉！且不知其在彼乎，其在我乎？其在彼邪，亡乎我；在我邪，亡乎彼。方將躊躇，方將四顧，何暇至乎人貴人賤哉！

——《莊子．田子方》

原 楚昭王失國，屠羊說走而從於昭王。昭王反國，將賞從者，及屠羊說。

屠羊說曰：「大王失國，說失屠羊；大王反國，

賞、立大功的人，才能謁見大王，現在我的智力不足以保存國家，勇敢不足以消滅敵人。吳軍攻入郢都時，我害怕危險而逃避敵人，並不是有心追隨大王。現在大王破壞法令規定來接見我，這不是我願意傳聞於天下的事。」昭王對司馬子綦（ㄑㄧˊ）說：「屠羊說身分卑賤而陳述的道理很高明，你替我請他來擔任三公的職位。」

屠羊說說：「三公的職位，我知道比屠羊的鋪子尊貴得多；萬鍾的俸祿，我知道比屠羊的收入豐厚得多，但是我怎麼可以貪圖爵位利祿而讓國君蒙上隨便封賞的惡名呢？我不敢接受，只希望回到我屠羊的鋪子就好了。」他最後還是沒有接受楚王的封賞。

屠羊說先後四次說的話，每句都擲地有聲，每段都值得擊節讚賞。我們讀起來覺得既佩服又暢快，這種真性情表現得真可謂淋漓盡致。如果

說亦反屠羊。臣之爵祿已復矣，又何賞之有！」王曰：「強之。」

屠羊說曰：「大王失國，非臣之罪，故不敢伏其誅；大王反國，非臣之功，故不敢當其賞。」王曰：「見之。」

屠羊說曰：「楚國之法，必有重賞大功而後得見。今臣之知不足以存國，而勇不足以死寇。吳軍入郢，說畏難而避寇，非故隨大王也。今大王欲廢法毀約而見說，此非臣之所以聞於天下也。」王謂司馬子綦

用八個字來形容屠羊說，那就是「安分知足，自得其樂」。莊子的處世智慧在這則寓言中一覽無遺。

屠羊說的每一段話都在剖析人間的道理，這表示莊子對人間既定規範所持的態度並非否定或嘲諷，而是尊重、接受與超越。沒有這些規範，社會如何發展？再怎麼有智慧或珍惜自己的真性情，也沒有必要、沒有權利蔑視既成的一切。但是也不會認定這些規範可以決定個人生命的全部內容，所以要以從容態度「出乎其外」。

當人自求真誠時，必須明白分寸：什麼是自己可以得到及應該擁有的？什麼是可以選擇而不必堅持的？換言之，真誠除了自知之明，還須了解這樣的分寸。

曰：「屠羊說居處卑賤而陳義甚高，子其為我延之三旌之位。」

屠羊說曰：「夫三旌之位，吾知其貴於屠羊之肆也；萬鍾之祿，吾知其富於屠羊之利也，然豈可以貪爵祿而使吾君有妄施之名乎？說不敢當，願復反吾屠羊之肆。」遂不受也。

——《莊子・讓王》

【了解內在的真我】

我在年輕時，認識兩位前輩，一人精明而一人老實。

大家一起聚餐時，精明者設法讓在座每一個人都覺得自己時運不濟。例如我穿一套新買的西裝，他會問我花了多少錢。我如實報出價格，他會立即打個對折，說我上當受騙了。這時我看他也穿著一套新西裝，自然請教他花了多少錢。他的回答會進一步讓我覺得自己愚不可及，多花了許多冤枉錢。換言之，他會讓我心情沮喪。後來我才知道，心理學上說，有一種人習慣把自己的快樂建立在別人的不幸上。如果大家都平安無事，他就沒有機會證明他自己的幸福了。

至於老實者，則憨厚有如孩童。大家聚餐時最好別說笑話，因為他聽到笑話時，除非自己想通了為何好笑，否則不會跟著別人一起哄堂大笑。這種老實木訥的性格比較少見。有一次，有人說了笑話，只有他一人面無表情，因為還沒明白為何好笑。到了半夜，講笑話的人接到他的電話，因為他終於想通了，在電話中笑了好一會兒才肯掛斷。

談到交朋友，你會選擇誰呢？是精明者還是老實者？我相信許多人會同我一樣，寧可與老實的人為友。「近朱者赤，近墨者黑」，大家真誠相待，不是比較輕鬆自在嗎？英國作家路易士（C. S. Lewis，1898-1963）在《四種愛》一書中說：「在真正的友情之中，每個人代表的都只是他自己，別無其他。」「兩個朋友猶如兩個在第三地碰面的王子，原來的身分地位都已變得不重要了。」「戀人以無遮的身體相向，朋友以無遮的人格相向。」

既然如此，我們交友時不是只有一個考慮，就是真誠嗎？要求別人真誠老實，這一點沒有問題；但是在要求自己真誠時，首先得了解自己是怎麼回事。

《世說新語》有一則軼事，談到戴逯（ㄌㄨˋ）與戴逵（ㄎㄨㄟˊ）兄弟如何各適其性。弟弟選擇了在東山隱居，哥哥則想為民除害，建立功業。謝安問做哥哥的說：「你們兄弟二人的志向與事業，為何有這麼大的差異？」

戴逯回答說：「我是受不了那種憂愁，家弟則是改不了那種樂趣。」

這樣的回答可謂妙趣橫生，因為原文「下官不堪其憂，家弟不改其樂」，恰好源自孔子對顏回的評價「人不堪其憂，回也不改其樂」（《論語・雍也》）。戴逯將弟弟比作顏回，將自己歸屬於凡人，這樣的回答既謙虛得體，又有自知之明，也合乎真誠的要求了。

「不改其樂」的戴逵有個朋友，就是書聖王羲之的兒子王子猷（ㄧㄡˊ）。王子猷住在山陰時，有一天晚上大雪紛飛。他半夜醒來，打開窗子，只見大地一片雪色，心中不免有些悵然。這時他想起了戴逵，便趁著夜色搭小船前往戴逵所在的剡（ㄕㄢˋ）縣。天快亮時才抵達，但是到了戴家門口，又乘船回去了。別人問他，他說：「我原本是乘興而來，興致過了就可以回去了。何必一定見到戴逵呢？」

像這樣的瀟灑作風在魏晉時代並不少見。有時候，看似灑脫當中，卻蘊涵洞燭先機的奧妙。《世說新語》記載，西晉時，張翰擔任齊王幕僚，住在洛陽。有一年秋天，秋風吹起，他不禁懷念老家吳郡的蓴（ㄔㄨㄣˊ）菜羹、鱸魚膾等名菜，就說：「人生能夠適意是最可貴的，我怎麼可以在數千里外做官，追求名聲與地位呢？」於是吩咐備車回老家去了。不久，齊王作戰失敗，當時的人都認為張翰有先見之明。

魏晉士人熟讀《莊子》，遭逢亂世，言行每有過人之處；但歸結到根本，還是覺悟自己的真性情到底是何種情況。人生苦短，若是忽略內在的真我，實在是無可彌補的損失。

第十四講　融於自然萬物

人與萬物之間，可以有奇妙的溝通。少了這樣的可能，人生將多麼貧乏！

看到「魚」、「樂」二字，大家不免聯想到莊子。許多風景區常常會營造小橋流水的意境，就是希望遊客有莊子那種閒情雅致，由觀魚之樂體驗人與大自然融為一體的妙趣。

但是，人與人之間都不易溝通，憑什麼肯定自己可以判斷魚是否快樂呢？這是惠施對莊子提出的質疑。二人都是戰國時代的著名學者，腦袋聰明不在話下，一旦辯論起來，如何分出高下？大家都認為是莊子贏了，為什麼是他贏？理由何在？卻不易說得清楚。

我們今天可以由這則辯論學到什麼？是辯論技巧，還是人與萬物溝通的某種祕訣？或者是莊子特有的人生境界？

【魚之樂】

〈秋水〉篇末尾，莊子與惠施間有一段著名的辯論：

莊子與惠子在濠水的橋上遊玩。

莊子說：「白魚在水中，從容地游來游去，

原 莊子與惠子遊於濠梁之上。莊子曰：「儵魚出游從這是魚的快樂啊。」

惠子說：「你不是魚，怎麼知道魚快樂呢？」

莊子說：「你不是我，怎麼知道我不知道魚快樂呢？」

惠子說：「我不是你，當然不知道你的情況；而你也不是魚，所以你不知道魚快樂，這是很明顯的。」

莊子說：「還是回到我們開頭所談的。你說『你怎麼知道魚快樂』這句話時，已經知道我知道魚快樂才來問我。我是在濠水的橋上知道的啊！」

辯論至此結束。根據規則，凡是在辯論中不再說話的人就表示認輸了。惠子前後才講了兩句話，為什麼認輸了呢？

惠子不是等閒之輩，在先秦六家「儒、道、

容，是魚之樂也。」惠子曰：「子非魚，安知魚之樂？」

莊子曰：「子非我，安知我不知魚之樂？」

惠子曰：「我非子，固不知子矣；子固非魚也，子之不知魚之樂，全矣！」

莊子曰：「請循其本。子曰『汝安知魚樂』云者，既已知吾知之而問我。我知之濠上也。」

——《莊子・秋水》

墨、法、名、陰陽」中，他是名家的代表人物。名家是專精於邏輯思維與辯論技巧的。《莊子・天下》中說，別人向惠施提出宇宙萬象的複雜問題，他「不加推辭就回應，不經考慮就回答，遍談萬物的道理，一說就不停，多得不得了」。

現在，惠子碰到莊子，卻沒有占到上風。是莊子的口才更好呢，還是莊子擁有更高明的智慧？莊子從頭到尾都沒有直接回答自己憑什麼判斷魚是快樂的，這樣居然也能取勝而讓惠子啞口無言，這又是怎麼回事？

歷代學者在這個問題上大都認為惠子不能體貼物性，而莊子則「善通物」，甚至認為莊子是由「盡己之性，能盡物之性」（這是《中庸》二十二章的話）。如果真是這樣，莊子訴諸個人獨特的修行境界，怎能作為辯論的證據呢？並且，惠施在辯論上身經百戰，怎麼可能輕易閉嘴不再爭辯呢？

換言之，大多數人採取現代西方心理學所謂的「移情作用」（empathy）來解釋，說莊子把自己的感情投射到魚身上，或者想像自己是魚就會覺得快樂。

能讓惠施這種辯論高手認輸的方法只有一個，就是指出他有自相矛盾的困難。請注意莊子最後所說的那句話。他要彰顯的是：一、惠施聽到莊子說「這是魚的快樂啊」，他就「知道」莊子知道魚快樂了。二、惠施第二句話說：「我不是你，當然不知道你的情況。」這兩點不是自相矛盾嗎？前面「知道」，後面「不知道」，到底是知道還是不知道？

辯論的勝負，其實不是我們真正關心的。我們更應欣賞的是，莊子為我們保留了一種可能，就是人與萬物（尤其是生物）之間，可以有奇妙的溝通。少了這樣的可能，人生將多麼貧乏！這樣說來，惠施倒真有點煞風景了。

【有情眾生】

莊子在橋上欣賞從容出游的白魚，不禁感嘆：「這是魚的快樂啊！」我們也不妨從移情作用的角度來加以理解。在春暖花開的時候，想像自己是水中的游魚，從容來去毫無掛礙，這不是快樂又是什麼？

從動物可以延伸到植物嗎？經過一座花園，看到玫瑰盛開，我可以說花真快樂嗎？這時我從生命的自然姿態上來欣賞這朵花，似乎也沒有什麼困難。如果有人質疑我：「你不是花，怎麼知道花快樂？」我大概會說：「有生之物都希望釋放活力，所以花開比起花謝，應該更適合用快樂來形容。」

古人不需要多作解釋，他們直接表達了人與萬物之間親切互動的關係。《世說新語》記載了一位佛教高僧的故事：

支道林住在剡縣附近的東岇（ㄤˊ）山，暇時喜歡養鶴。有人送他一對小鶴，不久小鶴長成了翅膀，想要飛走。支道林捨不得，就將牠們的翅膀羽毛剪短一些。鶴再怎麼努力也無法高飛，轉頭瞄瞄自己的翅膀，又低垂下頭，看起來好像有懊惱無奈的意思。

支道林說：「牠們既然有翱翔高空的能耐，怎麼願意淪為人類消遣的玩物呢？」於是將雙鶴餵養到新翅長成，放牠們飛走了。

這一段故事完全可以用移情作用來理解。一方面，支道林把鶴看成像人一樣，也有喜怒哀樂的感情反應；另一方面，他以「己所不欲，勿施於人」的原則來對待鶴，讓鶴可以自由來去。

可是，事情也有相反的一面。莊子在〈至樂〉篇藉孔子之口說：

「從前有隻海鳥飛到魯國郊外，魯侯把牠迎進太廟，送上好酒款待，為牠演奏《九韶》樂曲，宰牛羊豬作膳食。海鳥目光迷離，神情憂戚，不敢吃一口肉，不敢喝一口酒，三天就死了。這是用養人的方法去養鳥，不是用養鳥的方法去養鳥。」

「如果用養鳥的方法去養鳥，就應該讓牠在

原 昔者海鳥止於魯郊，魯侯御而觴之于廟，奏《九韶》以為樂，具太牢以為膳。鳥乃眩視憂悲，不敢食一臠，不敢飲一杯，三日而死。此以己養養鳥也，非以鳥養養鳥也。夫以鳥養養鳥者，宜棲之深林，遊之壇陸，浮之江湖，食之鰌鰷，隨行列而止，委蛇而處。

——《莊子．至樂》

深林中棲息，在沙洲上走動，在江湖上飛翔，啄食泥鰍小魚，隨著群鳥而居，自由自在生活。」

由此可見，人對動物可以有移情作用，但不可自作多情，真把動物當成人。莊子真正的理想是人與動物能夠各安其生。

比起今天的我們，古人無疑更為親近自然，《世說新語》裡有一則故事：

王子猷曾經借住朋友的空房子。他一搬進去，立即吩咐僕人在庭院裡種了幾棵竹子。有人問他：「只是暫時借住在這裡，為什麼這麼麻煩呢？」王子猷嘯詠了半天，指著竹子說：「怎麼可以一天沒有這位老兄呢？」（魏晉士人喜歡「嘯傲山林」，他們的「嘯詠」是指發出丹田之聲有如練氣，歷久不停。）

喜歡竹子的還有蘇東坡，他說：「無肉使人瘦，無竹使人俗；寧可食無肉，不可居無竹。」在莊子心中，何止是竹子，天地間或大或小一切存在之物，都有美妙之處可供欣賞，關鍵在於我們是否培養了審美的眼光。

【現代人的鄉愁】

莊子在〈養生主〉篇中說：

「水澤邊的野雞，走十步才能啄到一口食物，走百步才能喝到一口水，可是牠們不希望被養在籠子裡。養在籠子裡的野雞，神態雖然旺盛，但並不愉快。」

我在思考這則簡短的寓言時，想起年輕時讀過的《泰戈爾詩集》。泰戈爾（R．Tagore，1861-1941）是印度詩人，曾獲一九一三年的諾貝爾文學獎。有些印度人承認，每天讀一行泰戈爾的詩，就覺得人生充滿希望。

請看泰戈爾《飛鳥集》的首句：

夏天的飛鳥，飛到我的窗前唱歌，又飛走了。
秋天的黃葉，它們沒有什麼可唱，只嘆息一聲，飄落在那裡。

《園丁集》中則虛構了兩隻鳥的對話：

家鳥住在籠子裡，野鳥住在森林裡。

牠們在機緣湊巧時相遇了，這原是命運的安排。
自由之鳥大聲疾呼：「我的愛人啊，讓我們飛向森林。」
籠中之鳥悄悄低語：「到這裡來吧，讓我們住在籠子裡。」
自由之鳥問說：「在籠子裡，哪兒有展翅飛翔的地方？」
籠中之鳥嘆息：「唉，在天空中，我不知哪兒是棲息的地方？」

這與莊子的描述不是可以相映成趣嗎？偉大的藝術家總是可以化解人類中心主義的限制，與自然界產生直接而親密的互動。

《園丁集》裡還有一首美妙的小詩：

秋雲被急馳的太陽追逐著，它的影子掠過淺綠帶黃的稻田。
蜜蜂忘了繼續吮蜜，陶醉於陽光下，傻傻地紛飛哼嗚。
鴨子在河裡的沙洲上，沒來由地樂得呷呷喧鬧。
朋友們，今天早晨，讓誰也別回家，讓誰也別工作。
讓我們襲擊蔚藍的天空，一面飛跑一面掠奪空間。
笑聲浮動在天空裡，彷彿泡沫浮動在汪洋大海上。

朋友們，讓我們在無謂的歌聲裡，
浪費我們的早晨吧！

這樣的詩句自然會引發現代人對美好的田園時代的鄉愁。《莊子・天地》中對「至德時代」的描述，說得更為完整而深刻：

「在至德的時代，不推崇賢人，不任用能人。君主有如高處的樹枝，人民有如自在的野鹿。行為端正而不知那是義，相親相愛而不知那是仁，誠實待人而不知那是忠，言行相符而不知那是信，大家自動相助而不以為那是恩賜。所以行為不曾留下痕跡，事件也不曾傳到後代。」

莊子構想了一個過去式的理想社會，但如此美好的時代永遠過去了。過去的不再回來，卻可以作為一種理想，一種方向，激勵人類奮鬥的信心與勇氣。

原 至德之世，不尚賢，不使能。上如標枝，民如野鹿。端正而不知以為義，相愛而不知以為仁，實而不知以為忠，當而不知以為信，蠢動而相使，不以為賜。是故行而無跡，事而無傳。

——《莊子・天地》

大自然是我們的家鄉，在某種意義上可以說，現代人是失去了家鄉的人，是遠離了家鄉的人。那麼我們怎麼辨呢？有兩個選擇，一是親近自然，莊子見游魚從容而知魚樂，我們今天同樣可以體驗這種心情。泰戈爾的詩句依然感動人心，也是同樣的道理。二是注意內心修養，調整價值觀，從重視外在評價轉而珍惜內心品味。這樣，我們便可以體會莊子所說的「天地有大美而不言」（《莊子・知北遊》），人生的境界將會由此而澄明自在。

第十五講　無用與有用的智慧

任何東西都有用，就看是否用對地方。

我們心中存著某些目的，看到任何東西都會從有用與無用的角度來判斷。但是，有用與無用真的是二分法嗎？隨著我們目的改變、時間延長、空間擴大，所謂的有用與無用很可能換了位置。

對於世俗的單一價值觀，就是認為只有取得有形可見的成就（如名利權位）才算是有用人才的看法，莊子向來抱著批判的態度。他是故意與世人唱反調還是期許世人不要執著於此而忽略生命的更高價值呢？

莊子與惠施多次辯論，主題經常圍繞著「有用與無用」。從表面看來，惠施得君行道，應該算是有用的人才；莊子一生窮困，似乎毫無用處。這是最後的定論嗎？仔細研究他們的辯論，就會找到明確的答案了。

【無用之用】

莊子與惠施關於「無用」的辯論不只一次，我們先從最簡明扼要的談起。在〈外物〉篇中，惠施直接發難：「你的言論都是無用的。」

莊子說：「懂得無用的人，才可以同他談有

原 惠子謂莊子曰：「子言無用。」

用。譬如大地，不能不說是既廣且大，人所用的卻只是立足之地而已。但是，如果把立足之地以外的地方都挖掘直到黃泉，那麼人的立足之地還有用處嗎？」

惠施說：「無用。」

莊子說：「那麼無用的用處也就很清楚了。」

以上這段對話在說什麼？例如一個年輕人在學校念書，這時學校以外的世界各地對他都是無用的。但是如果把這些無用之地都消除的話，他在學校念書又是為了什麼呢？他原本以為有用的學校至此也變成無用了。有用與無用不可以切割，因為它們是相互為用的。換言之，任何東西都有用，就看是否用對地方。

在〈逍遙遊〉篇中，兩人再度談到類似的話題。

莊子曰：「知無用而始可與言用矣。夫地非不廣且大也，人之所用容足耳。然則廁足而墊之致黃泉，人尚有用乎？」

惠子曰：「無用。」

莊子曰：「然則無用之為用也亦明矣。」

——《莊子．外物》

惠子對莊子說：「魏王送我大葫蘆的種子，我栽植它，結出的葫蘆有五石的容量。用它來裝滿水，不夠堅固，無法負荷本身的重量。剖開做成瓢，又寬大得沒有水缸容得下。這葫蘆不可說不大，我卻因為它沒有用而打碎了它。」

莊子說：「先生真是不善於使用大東西啊！宋國有個人擅長調製不讓手龜裂的藥物，世世代代都以漂洗絲絮為職業。有一位路過的客人聽說這件事，願意出一百金購買他的藥方。他召集全家人來商量說：『我們世世代代漂洗絲絮，所得不過數金而已，現在一旦賣出藥方就可以賺到一百金，就賣給他吧！』這位客人拿了藥方，便去遊說吳王。正好越國興兵來犯，吳王派他擔任將領，冬天與越人在江上作戰，結果大敗越人，吳王以封地作為對他的獎賞。」

他接著說：「能夠不讓手龜裂，所用的藥方

原 惠子謂莊子曰：「魏王貽我大瓠（ㄏㄨˋ）之種，我樹之成，而實五石。以盛水漿，其堅不能自舉也。剖之以為瓢，則瓠落無所容。非不呺（ㄒㄧㄠ）然大也，吾為其無用而掊（ㄆㄡˇ）之。」

莊子曰：「夫子固拙於用大矣。宋人有善為不龜（ㄐㄩㄣ）手之藥者，世世以洴澼絖（ㄆㄧㄥˊ ㄆㄧˋ ㄎㄨㄤˋ）為事。客聞之，請買其方百金。聚族而謀曰：『我世世為洴澼絖，不過數金，今一朝而鬻技百金，請與之。』

是一樣的；但是有人獲賞封地，有人不得不繼續漂洗絲絮，這是因為所用之處不同啊！現在你有五石大的葫蘆，為什麼不綁在身上當成腰舟，讓自己浮游於江湖之上，卻還要擔心水缸容不下它呢？可見先生的心思還是不夠通達啊！」

《世說新語》記載的一則軼事，也從側面印證了無用與有用其實是可以轉化的。

陶侃個性謹慎而嚴肅，做事也認真負責。他擔任荊州主管時，命令船官把鋸木所留的碎屑全部收集保存起來。大家不明白為什麼這樣做。後來在元旦集會那天，正好遇上雪後初晴，大堂前的臺階上融雪還很溼，他吩咐灑上木屑覆蓋，讓大家進出都很方便。另外，官府購用竹子時，他每次都命人收集舊竹頭，堆起來像座小山。後來桓溫進攻蜀地裝配船隻時，就用這些厚竹頭做了竹釘。

客得之，以說吳王。越有難，吳王使之將。冬，與越人水戰，大敗越人，裂地而封之。能不龜手，一也：或以封，或不免於洴澼絖，則所用之異也。今子有五石之瓠，何不慮以為大樽而浮乎江湖，而憂其瓠落無所容？則夫子猶有蓬之心也夫！」

——《莊子‧逍遙遊》

西方思想有「自然界不跳躍」之說，意即自然界所形成的整體是完整而沒有空隙的，其中的每一樣東西，連空氣在內，都是不可少的。這種連續與整體，就是「不跳躍」。也就是說，沒有任何東西是全然無用的。你若是真的取消其中一物，則後續的演變將難以想像。所謂「蝴蝶效應」，就是指類似「失之毫釐，謬以千里」的連鎖反應。

「天生我才必有用」，這不只是勵志格言，更是客觀的事實，就看你是否能夠拓寬「有用」的領域，從整體與長期來看待自己，再從外在轉向內在，培養正確的觀念。

【自處之道】

當莊子自己受到「無用」的質疑時，從他的辯白中可以看出他的自處之道。在〈逍遙遊〉篇結尾，有這樣一則故事：

惠子對莊子說：「我有一棵大樹，大家稱它為樗（ㄕㄨ）。它的樹幹臃腫而不合於繩墨，它的樹枝捲曲而不合於規矩。就是把它種在路旁，木匠也不屑一顧。現在你所說的話，內容廣博而毫無用處，大家都會棄之不顧的。」

莊子說：「你難道沒有見過野貓與黃鼠狼嗎？牠們彎曲身子埋伏起來，等著抓出遊的小動物；東跳西躍地追捕，不管位置是高是低；最後都中了機關，死在陷阱中。再看那犛牛，牠的身軀大得像天邊的雲朵。這可以說是夠大了，卻沒辦法捉老鼠。」

他接著說：「現在你有一棵大樹，擔心它沒有用，那麼為何不把它種在空虛無物的地方，廣闊無邊的曠野，再無所事事地徘徊在樹旁，逍遙自在地躺臥在樹下。它不會被斧頭砍伐，也不會被外物傷害，沒有任何可用之處，又會有什麼困難苦惱呢？」

莊子使用語言的能力，可謂出神入化。惠施將他比擬為無用的大樹，莊子回答時，先指出「有用」的限制與危險，也說明「無用」的平安與趣味。讀到最後，他好像結合了大樹與人，認為兩者都可以得到保全，並化解一切煩惱。是大樹讓人擺脫了煩惱，而大樹自身也解消了一切煩惱。

學習莊子，要分辨大用與小用，隨時採取合宜的自處之道。

【認清處境】

談到莊子的自處之道，〈山木〉篇一開頭的這段故事也可供參考：

莊子在山中行走時，看見一棵大樹，枝葉十分茂盛，伐木的工人在樹旁休息，卻不砍伐這樹。莊子問他什麼緣故，工人說：「這棵樹沒有任何用處。」莊子對弟子說：「這棵樹因為不成材，得以過完自然的壽命。」

莊子一行人從山裡出來後，借住在朋友家中。朋友很高興，吩咐童僕殺鵝來款待客人。童僕請示說：「一隻鵝會叫，另一隻不會叫，請問該殺哪一隻？」主人說：「殺不會叫的那隻。」

第二天，弟子請教莊子說：「昨天山中的樹木，因為不成材得以過完自然的壽命；現在主人的鵝，卻因為不成材而被殺。老師打算如何自處

原 莊子行於山中，見大木，枝葉盛茂，伐木者止其旁而不取也。問其故，曰：「無所可用。」莊子曰：「此木以不材得終其天年。」夫子出於山，舍於故人之家。故人喜，命豎子殺雁而烹之。豎子請曰：「其一能鳴，其一不能鳴，請奚殺？」主人曰：「殺不能鳴者。」明日，弟子問於莊子曰：「昨日山中之木，以不

材得終其天年；今主人之雁，以不材死。先生將何處？」

——《莊子．山木》

呢？」

莊子笑著說：「我將處於成材與不成材之間。」

所謂成材（有用）與不成材（無用），多由外界所設的標準決定，兩者同樣可能遇到危險（被伐或被殺）。因此，與其計較有用或無用，不如分辨現實中的危險何在。例如莊子認為，儒家教人孝悌忠信，這固然是出於善意，但是如果只知固守這些教條或別人設定的規範，而無法先求保全自己的性命，那麼結果可能是上當受騙或被人利用了。

〈盜跖〉篇藉盜跖之口批評儒家推崇的賢者，一般研究莊子的學者，如蘇東坡，大都認為這樣的內容詆毀儒家太甚，必定是偽作。但事實上也說出了一番道理，不可一筆抹殺。尤其是下面一段：

盜跖告訴孔子說：「你用來勸說我的如果是鬼界的事，那麼我無法知道真假；如果是人間的事，也不過如此罷了。這些都是我聽過的。現在我來告訴你人的實況。眼睛想看到色彩，耳朵想聽到聲音，嘴巴想嘗到味道，志氣想得到滿足。人生在世，上壽一百歲，中壽八十歲，下壽六十歲，除了病痛、死傷、憂患之外，其中開口歡笑的時刻，一個月裡面也不過四五天而已。」

他接著說：「天地的存在無窮無盡，人的生死卻有時限；以有時限的身體，寄託於無窮盡的天地之間，匆促的情況無異於快馬閃過空隙一樣。凡是不能讓自己的心思與情意覺得暢快，好好保養自己壽命的人，都不是通曉大道的人。」

可見，莊子立說的目的，不在質疑、批判或詆毀儒家所設定的道德理想，而在確定本末輕重，尤其要先認清客觀的現實處境。如果人生只

原 丘之所以說我者，若告我以鬼事，則我不能知也；若告我以人事者，不過此矣。皆吾所聞知也。今吾告子以人之情。目欲視色，耳欲聽聲，口欲察味，志氣欲盈。人上壽百歲，中壽八十，下壽六十，除病瘦死喪憂患，其中開口而笑者，一月之中不過四五日而已矣。天與地無窮，人死者有時，操有時之具，而託於無窮之間，忽然無異騏驥之馳過隙也。不能說其志意，養其壽命者，皆非通道者也。

——《莊子．盜跖》

有「道德」二字。而道德又無法脫離既定的社會與人群，試問人活著還有多少樂趣？當然，儒家認為行善最樂，因為那是出於真誠所引發的力量，是自我要求去行善的。但是，同樣不可否認的是，許多人行善只是考慮外在的利害，或者受到人群的壓力，或者礙於名聲與情面，或者只是隨俗浮沉、虛應故事。

我們為什麼不讓自己經常開口而笑呢？為什麼不讓自己「悅其志意、養其壽命」呢？為什麼不在選擇時，先考慮自身的安危與苦樂呢？莊子從不主張「損人利己」，他是希望我們善待自己，可以「安其天年」，這有什麼不對呢？人人如此，天下又會有什麼紛爭呢？

不僅如此，活著本身並非莊子的目的。人與萬物的差異，在於他有可能領悟活著有何意義。簡單說來，人希望活著而免於煩惱與痛苦，只有一個根本的辦法，就是覺悟萬物皆來自於道，最後也將回歸於道。這種覺悟在人身上所引起的作用，就是肯定人的本性與稟賦來自於道，因而無所欠缺，只需善加保存即可。對外界的一切，可以「無待」；對內在的一切，則須珍惜。處於世間，尤其是危機四伏的亂世，我們要讓自己「有用」還是「無用」呢？莊子選擇處於二者之間，視情況而定，我們不是也可以由此得到啟發嗎？

第十六講　變與不變的智慧

注意力由外在收回，人忘了計較，才有舒適之感，是一切都恰到好處所造成的舒適。

人活在兩個世界裡面。外在是有形可見的，是與眾人共同組成的世界；內在是自己內心所思、所感的世界。這兩個世界之間常有落差。

我們曾說過，莊子的建議是由「重外輕內」轉向「重內輕外」、最高的目標是「有內無外」。他為此創造出許多名詞，如「天人」、「神人」、「真人」、「至人」等。換言之，我們「凡人」正是活在外在世界裡面，以它為唯一的存在領域，以致得失成敗與喜怒哀樂也因而隨人俯仰，活得非常辛苦與不值。

現在莊子說得更清楚了，叫作「外化而內不化」。「化」字有何指意？這種對外與對內的態度真的可以用來處世，並驗證莊子的智慧嗎？

【外化而內不化】

在〈知北遊〉篇中，莊子虛擬了一段顏淵與孔子的對話：

顏淵請教孔子說：「我曾聽老師說過：『不要送往，不要迎來。』請問其中的道理。」

孔子說：「古代的人，隨外物變化而內心保

原 顏淵問乎仲尼曰：「回嘗聞諸夫子曰：『無有所將，無有所迎。』回敢問其

持不變；現在的人，內心多變而不能隨外物變化。能隨外物變化的人，就是因為內心持守不變。他能安於變化，也能安於不變化。能安然與變化相順應，就須合乎分寸。」

他接著說：「聖人與萬物相處而不傷害萬物，不傷害萬物的人，萬物也不能傷害他。正因為無所傷害，才能與人相往來。山林啊，原野啊，都能使我欣欣然快樂啊！快樂還未結束，悲哀又接著出現。悲哀與快樂來臨時我不能抗拒，離去時我也不能阻止。」

這段對話告訴我們莊子的處世祕訣，就是「外化而內不化」。所謂「外化」，是說隨著外物變化；所謂「內不化」，是說對於悲哀與快樂「不要送往也不要迎來」，保持寂然不動的超越態度。

為了說明「外化」，不妨參考儒家的處世哲

遊。」

仲尼曰：「古之人，外化而內不化；今之人，內化而外不化。與物化者，一不化者也。安化安不化，安與之相靡，必與之莫多。……聖人處物不傷物。不傷物者，物亦不能傷也。唯無所傷者，為能與人相將迎。山林與！皋壤與！使我欣欣然而樂與！樂未畢也，哀又繼之。哀樂之來，吾不能禦，其去弗能止。」

——《莊子．知北遊》

學。儒家思想的優點是「真誠」，由真誠產生內在的動力，由此要求自己行善；與此並行的觀念是「善」，其意為：我與他人之間適當關係之實現。以一句話來說，就是「人性向善」。於是，人生的過程是「擇善固執」，最高目標是「止於至善」。既然這一切都環繞著「善」，即人我之合宜關係，所以，「外化」是儒家理論上無可逃避的要求。在儒家，修養的最高境界是聖人，而聖人是不可能關起門來成就的。儒家為何要入世又要淑世，充滿憂患意識，對人間常覺有所憾，因而積極從事教育工作與政治活動？這一切如果只是簡單理解為「利欲」薰心，那是不正確也不公平的。

既然如此，儒家思想在落實於「外化」時，又採取何種有效策略呢？以孔子與孟子的說法為據，我們可歸納出在「擇善」採取行動時的三點考慮。當我與別人（從父母到天下人）來往時，所要求自己的是：

一、內心感受要真誠。

二、對方期許要溝通。

三、社會規範要遵守。

例如我與父母相處，應該履行孝道。此時我內心的真誠感受是希望父母因為我的某些作為而快樂。

其次，我不能一廂情願，或者只是行禮如儀，而忽略父母對我的期許。天下人這麼做算是孝順，我同樣這麼做卻未必算是孝順，因為我的父母有不同於天下人的父母的期許。這時要努力與父母溝通，設法尋求共識。

再者，我的孝順行為不可違背社會規範，所以孟子認為舜不可能同時擔任天子，又曲意維護他的父親。他若辭去天子之職，則不妨以兒子的身分去孝順父親。

以上三點考慮之間經常會有衝突與矛盾，於是儒家的教育幾乎永無成功之望。當然，在儒家可以主張真誠為先，但求心安。但是人間多災多難，憂患無時或息。一旦忽略真誠警覺的心，很容易變得虛應故事，或者用假仁假義來搪塞別人的期許。天下自此更為混亂了。莊子原本並無批判儒家的念頭，他只是無法忍受孔子的後學滿口仁義道德而行為又不合乎規範，為世間帶來各種後遺症啊！

〈天下〉篇描寫莊子時，也談到他的處世特色：他獨自與天地精神（亦即「道」或「造物者」）往來，而不輕視萬物，不質問別人的是非，而能與世俗相處。這句話後半段不是「外化」的寫照嗎？

〈養生主〉篇中說：「安於時機並且順應變化，哀樂之情就不能進入心中。」先說「外化」，再說「內不化」。兩者搭配得宜，才是莊子所肯定的處世之道。

至此，我們對「外化」已有初步認識，接著探討的是「內不化」，而這顯然是個更大的挑戰。

原 獨與天地精神往來而不敖倪於萬物，不譴是非，以與世俗處。

——《莊子・天下》

原 安時而處順，哀樂不能入也。

——《莊子・養生主》

【內在修行】

在〈人間世〉篇中，顏回既有熱忱又有理想，主動想去衛國勸諫國君好好照顧百姓。孔子提醒他貿然前往恐有性命之憂。照理說，孔門弟子以顏回的修行最佳，既有學問又有德行，如果連他都成不了事，孔子的教育還有什麼希望呢？

這些當然是莊子虛擬的故事。接下去的發展如何？顏回提出他的三大法寶：內直（向自然看齊），外曲（向人類看齊），成而上比（處處引用古人之言，向古人看齊）。孔子依然認為不可行。顏回有些絕望了，就請求孔子指點。孔子告訴他「齋戒」。這不是一般的齋戒（不喝酒吃肉），而是「心齋」。

孔子說：「你心志專一，不要用耳去聽，要用心去聽；不要用心去聽，要用氣去聽。耳只能

原 仲尼曰：「若一志，無聽之以耳，而聽之以心；無

聽見聲音，心只能了解現象。只有在空虛狀態中，道才會展現出來。空虛狀態，就是心的齋戒。」

談到「聽」這個動作，用耳是最自然的，用心也可以說得通；都是有一個聽的主體。但什麼是「用氣去聽」呢？既然這是「心齋」之後的效果，我們可以聯想到莊子常說的一句話，如〈齊物論〉開篇所云：「形體固然可以讓它如同槁木，難道心神也可以讓它如同死灰嗎？」我們不禁要問：「形如槁木，心如死灰」如果真是莊子所說的修行標準，那麼，人生還剩下什麼？如果「心如死灰」代表「心齋」，那麼，所謂的「聽之以氣」，又是何意？

為了說明其中道理，必須知道莊子對人的生命結構的看法。人的生命有三個層次：身體是外在有形可見的，心智是內在運思抉擇的主體，另

聽之以心，而聽之以氣。耳止於聽，心止於符。氣也者，虛而待物者也。唯道集虛。虛者，心齋也。」

——《莊子．人間世》

外還有所謂的「精神」。精神平常隱而不顯，必須經由身體修練，尤其是心智修練之後，才有可能呈現。那麼如何修練心智呢？

〈達生〉篇有一則寓言可以用來說明：

紀渻（ㄕㄥˇ）子為齊王馴養鬥雞。馴了十天，齊王就問：「雞可以上場了嗎？」紀渻子說：「還不行，牠現在只是姿態虛驕，全靠意氣。」過了十天，齊王又來問，紀渻子說：「還不行，牠對外來的聲音及影像，還會有所響應。」再過十天，齊王又來問，紀渻子說：「還不行，牠還是目光犀利，盛氣不減。」

到了第四個十天，齊王又來問，紀渻子說：「差不多了，別的雞雖然鳴叫，牠已經不為所動了。看起來像一隻木頭雞了。牠的天賦保持完整了。別的雞沒有敢來應戰的，一見到牠就回頭跑掉了。」

原 紀渻子為王養鬥雞。十日而問：「雞已乎？」曰：「未也，方虛憍而恃氣。」十日又問，曰：「未也，猶應向景。」十日又問，曰：「未也，猶疾視而盛氣。」十日又問，曰：「幾矣，雞雖有鳴者，已無變矣，望之似木雞矣，其德全矣。異雞無敢應者，反走矣。」

——《莊子．達生》

這篇寓言表面在談鬥雞，實際上說的是人的修行，如何由「重外輕內」轉向「重內輕外」，也即是我們修練「心齋」的具體方法。簡單來說有四個步驟：

一、**虛張聲勢**：姿態虛驕，全靠意氣，想勝過別人。

二、**準備反擊**：對外來的聲音影像有所反應。

三、**收斂過程**：仍目光銳利，盛氣不減。

四、**天賦保全**：呆若木雞，無視於外。

問題是：人的天賦在出生時原是完整的，後來為什麼會失去，以致現在修行的主要目標是恢復完整的天賦呢？這個問題簡單說來，就是人的社會已經誤入歧途，以致小孩的成長過程無異於喪失或傷害其天賦的過程。學習莊子，就是懸崖勒馬，早些覺悟到原來人的內心世界是完整而美好的。

所謂的「內不化」，當然必須預設人的內在世界是值得保存的。為何值得保存？因為「道」會展現於其中。〈知北遊〉篇中說：「精神生於道。」也就是說，精神是人的生命中與「道」互相呼應的部分。為了產生這樣的呼應，先須經過「形如槁木，心如死灰」的「心齋」工夫，使人的生命最上層的部分得以彰顯。

只有抵達這樣的境界，才有條件宣稱「內不化」。否則，也有可能形同自我執著，那就完全偏離莊子的原意了。

【心的層次】

關於人的「心」，不是可以簡單說清楚的。我們依其作用，分由四個層次來理解。

首先，心是感覺與情緒的主體，隨時按照外界的刺激而產生反應。例如喜怒哀樂這些感受，必有一個主體在其中。

這樣的心離不開身體的作用。莊子說：「人承受形體而出生，就執著於形體的存在，直到生命盡頭，它與外物互相較量摩擦，追逐奔馳而停不下來，這不是很可悲嗎？」（〈齊物論〉）許多人想盡辦法保持形體的美好，甚至不惜整形換膚，好像身體就是全部的自我。莊子認為這是可悲的！

其次，心代表自我意識，是計較利害關係的主體。「我們睡覺時心思紛亂，醒來後形體不

原 一受其成形，不亡以待盡。與物相刃相靡，其行盡如馳，而莫之能止，不亦悲乎！

——《莊子．齊物論》

安，與外界事物糾纏不清，每天勾心鬥角。」（〈齊物論〉）社會人群主要以這種自我意識在互相來往，到處顯示的是底下八種毛病：「不是自己的事卻去管，叫作包攬；沒有人理會卻進言，叫作逞舌；揣摩別人的心意來說話，叫作諂媚；不分辨是非就說話，叫作阿諛；喜歡說別人的壞話，叫作讒言；排擠朋友，離間親人，叫作賊害；稱譽出於狡詐虛偽，藉此詆毀別人，叫作邪惡；不分辨善惡，兩邊都討好，暗中獲取自己的利益，叫作陰險。」（〈漁父〉）這些毛病不正是出於計較之心嗎？這些毛病若不消除，自我根本毫無出路。

然後，才是懂得自我反省的心。莊子用「忘」字來加以描述。由於注意力由外在收回，人忘了計較，才有舒適之感。他說：「理智上忘了是非，是心造成的舒適。」接著出現的是：

原 非其事而事之，謂之摠（ㄗㄨㄥˇ）；莫之顧而進之，謂之佞；希意道言，謂之諂；不擇是非而言，謂之諛；好言人之惡，謂之讒；析交離親，謂之賊；稱譽詐偽以敗惡人，謂之慝；不擇善否，兩容頰適，偷拔其所欲，謂之險。

——《莊子．漁父》

原 知忘是非，心之適也；不內變，不外從，事會之適

「沒有內在的變化，也沒有外在的盲從，是一切都恰到好處所造成的舒適。從舒適開始，然後沒有任何情況會不舒適，那就是忘了舒適所造成的舒適。」（〈達生〉）這表示人心安於當下的狀況，無所求也就無所待。

我學習莊子，最受啟發的是「不得已」一詞。這個詞出現於孔子為顏回描述「心齋」之後的結語。他說：「你可以進入世間的樊籠遊玩，不再為虛名所動。意見能被接納，你就發言；意見不被接納，你就緘默，沒有執著也沒有成見，一顆心就寄託在『不得已』，由此培養內在自我。這就是自處的最高原則了。」（〈人間世〉）

我對「不得已」的理解是：當各種條件成熟時，我就順其自然。在此，並無委屈、無奈、被迫之意；而是要求作正確的判斷，就是判斷做任

也；始乎適而未嘗不適者，忘適之適也。

——《莊子．達生》

原 若能入遊其樊，而無感其名，入則鳴，不入則止。無門無毒。一宅而寓於不得已，則幾矣。

——《莊子．人間世》

何一件事時，「條件是否成熟」。這是需要徹底了解人情世故以及人間互動的微妙法則的。若是條件成熟，則做起事來「事半功倍」，水到渠成。否則難免自討苦吃，增加多少複雜的恩怨。以一句話來說，就是「知其不可奈何而安之若命」，知道這些是無可奈何的（不得已），就坦然接受為自己的命運。

抵達這一步時，就有可能展現出「精神」了。精神不是外加於我的，在我排除了心的各種障礙與遮蔽之後，回到自己身上，再以虛靜方法來化解我執，精神就會由於「道」的啟發而自動展現出來。莊子用「靈臺」、「真君」等特殊名詞來描寫精神。

在〈刻意〉篇中，莊子說：「精神四通八達，無所不至，上接於天，下及於地，化育萬物，不見跡象，它的功用是與上帝一樣的。純粹

原 精神四達並流，無所不極。上際於天，下蟠於地，化育萬物，不可為象，其名

樸素的道，只有精神可以保守住它；保守住它而不喪失，就會使精神變得專一；專一就能與真實相通，然後合乎自然的規則。」

能夠修行到精神呈現的境地，就會明白莊子筆下的特有名稱，如「真人」、「至人」、「神人」、「天人」了。他在〈大宗師〉篇中連續幾段都在描述「古之真人」，讀了真是讓人心嚮往之。光是最簡單的「其寢不夢，其覺無憂」，大概就是我們現代人心目中莫大的幸福了。

為同帝。純素之道，唯神是守；守而勿失，與神為一；一之精通，合於天倫。

——《莊子・刻意》

第十七講 放下生死

死亡就像太陽，你無法直接觀察它，只能瞇著眼從側面去略窺一二。

哲學家對於死亡總會有其看法，因為愛好智慧的最後檢驗即是如何面對人生大關。有生有死，原是十分自然的歷程，但世間多少人看得破？即使看破了，能夠放得下嗎？

更進一步說，所謂的「放得下」，難道代表萬念俱灰的絕望心境嗎？或者是置之死地而後生的覺悟，讓自己對於短暫的有生之年，能夠加倍珍惜但又不陷於執著？

莊子是道家的代表，生於戰國亂世，很清楚無辜百姓的悲慘遭遇。他的書中談到死亡的段落極多，往往是一場戰爭或饑荒就有無數人死於非命。他以智慧面對人間的痛苦與罪惡，提醒我們如何看待死亡。

【鼓盆而歌】

這是《莊子・至樂》裡的故事：

莊子的妻子死後，惠子去弔喪。這時莊子正蹲在地上，一面敲盆一面唱歌。

惠子說：「你與妻子一起生活，她把孩子撫

原 莊子妻死，惠子弔之，莊子則方箕踞鼓盆而歌。惠子曰：「與人居，長子老

養長大，現在年老身死。你不哭也就罷了，竟然還敲著盆子唱歌，不是太過分了嗎？」

莊子說：「不是這樣的。當她剛死的時候，我怎麼會不難過呢？可是我省思之後，察覺她起初本來是沒有生命的；不但沒有生命，而且沒有形體；不但沒有形體，而且沒有氣。然後在恍恍惚惚的情況下，變出了氣，氣再變化而出現形體，形體再變化而出現生命，現在又變化而回到了死亡。這就好像春夏秋冬四季的運行一樣。這個人已經安靜地睡在天地的大房屋裡。而我還跟在一旁哭哭啼啼。我以為這樣是不明白生命的道理，所以停止哭泣啊！」

莊子是人，當然有人的情感。妻死而哭，自然如此，這是真誠的表現。但是就在這個重大事件上，他反省觀察妻子的一生是怎麼回事，由此想通了死亡的意義。原來一切都是氣的變化：由

身，死不哭亦足矣，又鼓盆而歌，不亦甚乎！」

莊子曰：「不然。是其始死也，我獨何能無概然！察其始而本無生；非徒無生也，而本無形；非徒無形也，而本無氣。雜乎芒芴（ㄏㄨ）之間，變而有氣，氣變而有形，形變而有生，今又變而之死。是相與為春秋冬夏四時行也。人且偃然寢於巨室，而我噭噭（ㄐㄧˋㄠ）然隨而哭之，自以為不通乎命，故止也。」

——《莊子．至樂》

氣變出形體，再得到生命，亦即整個一生的過程；最後又回歸於死亡，亦即回到了原始的氣。

〈知北遊〉篇裡有一段話說：「生是死的同類，死是生的開始。誰知道其中的頭緒！人的出生，是氣的聚合，氣聚則生，氣散則死。如果死與生是同類的，我又有什麼好擔心的呢？」

由不必擔心死亡，推而至於領悟兩個重點：一、「人死了，上沒有國君，下沒有臣子，也沒有四季要料理的事，自由自在與天地並生共存；就算是南面稱王，也不能超過它啊！」（〈至樂〉）二、「整個天下是一氣貫通的。」（〈知北遊〉）

在此，莊子並未說到人是否有靈魂，以及死後靈魂是何狀況的問題。他是哲學家，只能就經驗所及的範圍，作合理的思考。在他看來，死亡「似乎」是生活在人間的種種煩惱之解脫。最讓

原 生也死之徒，死也生之始，孰知其紀！人之生，氣之聚也，聚則為生，散則為死。若死生為徒，吾又何患！……故曰：「通天下一氣耳。」

——《莊子・知北遊》

原 死，無君於上，無臣於下，亦無四時之事，從然以天地為春秋，雖南面王樂，不能過也。

——《莊子・至樂》

人驚訝的是〈齊物論〉裡的一段說法：

「我怎麼知道貪生不是迷惑呢？我怎麼知道怕死不是像幼年流落在外而不知返鄉那樣呢？麗姬是艾地邊疆官的女兒。晉國國君要迎娶她的時候，她哭得眼淚沾溼了衣襟；等她進了王宮與晉王同睡在舒適的大床上，同吃著美味的大餐，這才後悔當初不該哭泣。我怎麼知道死去的人不後悔自己當初努力求存呢？」

莊子連用了三句「我怎麼知道」，這表示他是在進行推理活動。他的根據是死亡未必比活著更痛苦，並且，在我們所知的宇宙中，生生死死形成「氣」的循環變化過程。既然如此，又何必好生惡死？

莊子能夠看得開，原因之一是他的生活極其窮困，嘗盡人間的苦楚，因而也容易覺悟。《外物》篇裡有一個故事：

原 予惡乎知說（ㄩㄝˋ）生之非惑邪！予惡乎知惡死之非弱喪而不知歸者邪！麗之姬，艾封人之子也。晉國之始得之也，涕泣沾襟；及其至於王所，與王同筐床，食芻豢，而後悔其泣也。予惡乎知夫死者不悔其始之蘄（ㄑㄧˊ）生乎？

——《莊子・齊物論》

莊周家裡貧窮，因此去向監河侯借米。監河侯說：「好的。等我收到封地的賦稅以後，就借給你三百金。可以嗎？」

莊子氣得臉色都變了，說：「我昨天來的時候，半路上有人喊我。我回頭一看，在車輪壓凹的地方有一尾鯽魚。我問牠說：『鯽魚啊！你在這裡做什麼？』牠回答說：『我是東海的水族之臣。你有沒有一升一斗的水可以救我？』我說：『好的。我將到南方遊說吳國、越國的君主，引進西江的水來迎接你，可以嗎？』鯽魚氣得臉色都變了，說：『我失去日常需要的水，沒有容身之處。現在我只要有一升一斗的水就可以活命，而你竟然這樣說，那還不如早些去魚乾鋪找我算了！』」

生活窮困如此，死亡有何可懼？由此轉向悟道的境界，則是意外的大收穫了。

原 莊周家貧，故往貸粟於監河侯。監河侯曰：「諾。我將得邑金，將貸子三百金，可乎？」莊周忿然作色曰：「周昨來，有中道而呼者。周顧視，車轍中有鮒魚焉。周問之曰：『鮒魚來，子何為者邪？』對曰：『我，東海之波臣也。君豈有斗升之水而活我哉！』周曰：『諾，我且南遊吳、越之王，激西江之水而迎子，可乎？』鮒魚忿然作色曰：『吾失我常與，我無所處。吾得斗升之水然活耳，君乃言此，曾不如早索我於枯魚之肆！』」

——《莊子．外物》

【面對死亡】

談論別人的死亡，可以冷靜思考，覺悟一些深刻的道理。面對自己的死亡大關時，情況會不會有所不同呢？

莊子大約活了八十歲，據〈列禦寇〉篇記載，臨終時，弟子們商量怎麼厚葬他。他說：「我把天地當作棺槨（ㄍㄨㄛˇ），把日月當作雙璧，把星辰當作珠璣，把萬物當作殉葬，我陪葬的物品難道不齊備嗎？有什麼比這樣更好的？」古代葬禮，要準備「棺槨、雙璧、珠璣、齎送」，才算合乎禮制。莊子認為自己一應俱全，沒有任何匱乏。

弟子說：「我們擔心烏鴉與老鷹會把老師的身體吃掉。」

莊子說：「在地上會被烏鴉與老鷹吃掉，在

原 莊子將死，弟子欲厚葬之。莊子曰：「吾以天地為棺槨，以日月為連璧，星辰為珠璣，萬物為齎（ㄐㄧ）送。吾葬具豈不備邪？何以加此！」

弟子曰：「吾恐烏鳶之食夫子也。」

莊子曰：「在上為烏鳶食，在下為螻蟻食，奪彼與此，何其偏也！」

——《莊子・列禦寇》

地下會被螻蟻吃掉；從那邊搶過來，送給這邊吃掉，真是偏心啊！」

他談到自己的死亡，依然是輕鬆而詼諧的口吻。這不是故作瀟灑，而是合乎他「天地氣化」的一貫思想。思想與言行表現相合，確實是一位了不起的哲學家。

事實上，根據專家估算，地球上曾經有九百五十多億人存在過，他們現在又在何處？如果不談靈魂，光就身體而論，不是處在「氣化」過程中嗎？如果同時考慮靈魂，又能得出何種結論呢？

蘇格拉底七十歲時，被人誣告，說他腐化雅典青年。自立新的宗教。他在法庭上，面對五百人的法官團侃侃而談，為自己辯護。柏拉圖（Plato，427-347 B.C.）寫下《自訴》對話錄，以寫實方式記下整個過程。蘇格拉底不但自認無罪，而且藉機教訓這些雅典公民，希望他們關心「智慧、真理，以及靈魂的最大利益」。以被告身分長篇大論開示法官團，這是難得一見的場景。

可以預料的是，蘇格拉底被判處有罪，並且是死刑。他的回應如何？他說：「各位先生，逃避死亡並不難，真正難的是逃避邪惡。」意思是：人寧可死亡也不能向邪惡屈服。這種堅定立場顯然預設了人有靈魂，否則又何必在意是否向邪惡屈服呢？

蘇格拉底最後講了一段他所了解的死亡。他說：死亡無非就是兩種情況。其一是完全滅絕，毫無知覺。如果真是如此，則無異於進入無夢的安眠，那不是一種奇妙的收穫嗎？他說得很生動：「我想哪怕是國王本人，更不要說其他人了，也會發現能夠香甜熟睡的日子與夜晚，與其他日子相比是屈指可數的。如果死亡就是這個樣子，如果你們以這種方式看待死亡，那麼我再說一次，死後的無盡歲月只不過是一夜而已。」

其二就涉及人死之後還有靈魂了。他說：「如果死亡就是靈魂從一處遷往另一處，以致所有死亡的人都在那兒，那麼我們到哪裡還能找到比死亡更大的幸福呢？」接著，蘇格拉底列出十二位他所心儀的古代法官、詩人、英雄的大名，因為他死後可以一一造訪請益。「與他們談話，與他們廝混在一起，與他們爭論，這難道不是一種無法想像的幸福嗎？」

他再度表達他的堅定信念：「任何事情都不能傷害一個好人，無論是生前還是死後。諸神不會對他的命運無動於衷。」這可以代表西方有神論者的人生觀。最後，蘇格拉底說：「我們離開這裡的時候到了。我將赴死，你們繼續活著。但是沒有人知道誰的未來更幸福，只有神知道。」

當時參與審判的法官回家之後不知心安與否？但肯定是睡不好覺的。蘇格拉底本人所盼望的想必是第二種情況：靈魂可以自由選擇古人為友，交換人生心得，不亦樂乎。

莊子與蘇格拉底都是哲學家，他們的職責是對人生經驗作全面反省，由此找出人生的應行之道，讓每一個人都活得有尊嚴、有意義、有價值。有關死後的情況，則非經驗所能提供證據，只能合理地思考及假定地解釋。如果還想進一步說明，就只能訴諸宗教了。哲學與宗教，二者方向相同，都想找到最終真理；但方法有別，哲學依於理性，而宗教有賴於信仰。

【把握此生】

死亡是怎麼回事？死亡就像太陽，你無法直接觀察它，只能瞇著眼從側面去略窺一二。

西方人使用各種比喻來描繪死亡，其中較為平實自然的有四種。

首先，死亡即是回家，而人生則有如旅行。在西方葬禮中，最常聽到的一句話是「塵歸塵，土歸土」。他們相信上帝用土造人，再吹氣使人活起來。當然，「氣」在此是指靈魂而言。因此人死之後身體回歸大地，靈魂則接受上帝的審判，看看這一生是否稱職。

其次，死亡有如宴會結束。正如我們所說的，天下沒有不散的筵席。宴會代表飲食享受，一群人以各種名目（如家庭、社團、族群、國家）聚在一起，分分合合，小宴大宴，而最後還是必須互道珍重。

再次，死亡有如戲劇散場。「乾坤一戲場，生命一悲劇」，方東美先生說，這句話是他平生所服膺的名言。他在〈生命情調與美感〉一文中，特別引述俞曲園的話：「一部二十四史衍成古今傳奇，英雄事業，兒女情懷，都付與紅牙檀板。」死亡即是散場之後各奔未知世界。

最後，死亡有如通道，是讓我們從此生走向來世的途徑。接著還會有下一個不同的生命。換言之，死亡並非像燈滅一般，什麼都看不見，也什麼都沒有了。

以上四種比喻，可謂各有理趣。宗教界喜歡以死亡為「通道」與「回家」。例如佛教主張輪迴，所謂「三世因果，六道輪迴」，此生只是連續生命的環節之一。而這種輪迴的目的是以覺悟破除執著，由此得到解脫。相對於此，基督教主張人在死後靈魂接受審判，判決前往天堂還是地獄。此生的善惡將決定永生的苦樂。這種強調「一次性」的人生觀顯然較有壓力。西方近代哲學家關於死亡的省思，很難擺脫這種信仰的背景。海德格所謂的「向死而生」，即是一例。

如果不談宗教，則較能欣賞「宴會結束」與「戲劇散場」的比喻。接著則須說明如何以適當方式參與宴會，或者如何扮演好自己的角色，才能使此生不會虛擲或浪費。

就一般人而言，對死亡的恐懼是十分普遍的。恐懼的原因，大概也有以下四種。

首先，死亡往往與病痛聯繫在一起。到醫院走一遭，總能領悟一些哲理。「生老病死」雖是人生必經之路，但身體的病痛使人聯想到死亡是最大的痛苦。而事實上，死亡是身體這種痛苦的解脫。

其次，有些人恐懼死亡，是因為看到或聽到宗教對死後報應的各種描繪。唐朝吳道子曾經畫了一幅《地獄圖》在長安街上展示，結果一個月之內長安無人犯案。西方人對地獄同樣充滿了恐懼之情，古希臘時代的荷馬史詩對此已有反映。

再次，有些人害怕的是死後一片虛無。西班牙哲學家烏納穆諾（Unamuno，1864-1936）說，他所恐懼的，不是死後下地獄，而是死後什麼都不存在。果真如此，人生不是一場無意義的夢境嗎？不論信仰什麼宗教，都無法絕對保證這種情況不會發生。想到這一點，確實讓人心神不寧。

最後，死亡讓人產生恐懼，是因為它瓦解了我在此世所珍惜的「我們」關係。「我們」是就我與別人的某種機緣而使用的語詞，如可以指稱我與家人、同學、朋友、同鄉等的關係。現在我若走了，「我們」隨之瓦解，這不是讓人傷心欲絕嗎？

以上有關死亡的思維，其實目的只有一個，希望我們正面看待此生。莊子為何從不談論死後世界？因為一方面缺乏可供觀察的經驗材料，而更重要的是，他認為一切由「道」而來，終將回歸於「道」。這是唯一合理的說法。至於具體生活的內容，則以隨順為主，外化而內不化，所保持的是品味人生的趣味。不論死後真相如何，此生總是特定時空中唯一的我所經歷的。

不能把握此生，還說什麼別的呢？

第十八講 讓一滴水永不乾涸

道無所不在，所以萬物都顯示了道的光輝，只是人類未必體驗到這個祕密。

宇宙萬物充滿變化，這是人人可以看到的事實。這樣的變化一直繼續下去，最後會不會完全結束或消失呢？目前沒有人可以肯定地回答這個問題。

宇宙的大問題可以暫且擱在一邊，人的生命是怎麼回事？自古以來，人生最多百年左右，如果死後一片虛無，那麼這樣的人生有何意義可言？人的身體成分或許也在大化流行的過程中分解及重組，但是人在有生之年所擁有的「自我」難道只是夢境嗎？

作為道家學派的代表人物，莊子對於這一類根本的問題有何見解？這是我們學習莊子的最高目標與最大挑戰。他是司馬遷筆下「其學無所不窺」的人，如果還是無法提供合理的思維與答案，那麼古人也與今人一樣迷惘嗎？或者，他可以帶領我們由迷惘走出一條坦途？

【道在何處】

若想了解道家的道是什麼，必須先讀《老子》二十五章。老子所用的「道」字，是勉強取名的，其原本意思是說：道在天地之前就存在了，並且是萬物的來源。我們無法想像天地萬物未有之時的狀態，只能肯定地說，如果天地萬物不是變遷無已的虛幻夢境，那麼必定有個起源與歸宿，這就是「道」。

老子繼續指出道的特性是「獨立而不改，周行而不殆」，這就肯定了道的永恆與普遍，也即是道對天地萬物的超越與內存：既完全異於變化之物，又內存在於其中。像這樣的道，實在不是一般用語可以描述的。

那麼，莊子是如何表述道的呢？他在〈大宗師〉篇中說：「道，有真實有驗證，無作為無形跡，可以心傳而不可口授，可以體悟而不可看見；自己為本，自己為根，在沒有天地之前，自古以來一直存在；造就了鬼神，造就了上帝，產生了天，產生了地；在太極之上而不以為高，在六合之下而不以為深，先天地存在而不以為久，比上古年長而不以為老。」

這段話說得非常生動，但依然不易理解。一

原 夫道，有情有信，無為無形；可傳而不可受，可得而不可見；自本自根，未有天地，自古以固存；神鬼神帝，生天生地；在太極之先而不為高，在六極之下而不為深，先天地生而不為久，長於上古而不為老。

——《莊子．大宗師》

般人習慣以具體的方式探問：道在何處？在〈知北遊〉篇中，就有一段著名的對話：

東郭子請教莊子說：「你所謂的道，在哪裡呢？」

莊子說：「無所不在。」

東郭子說：「一定得說個地方才可以。」

莊子：「在螻蟻中。」

東郭子：「為什麼如此卑微呢？」

莊子：「在雜草中。」

東郭子：「為什麼更加卑微呢？」

莊子：「在瓦塊中。」

東郭子：「為什麼越說越過分呢？」

莊子說；「在屎尿中。」

東郭子不出聲了。他不敢再問了，因為莊子的回答越來越不堪，完全異於一般人所想像的道。一般人總以為道是高高在上的某種原理，或

原 東郭子問於莊子曰：「所謂道，惡乎在，」莊子曰：「無所不在。」東郭子曰：「期而後可。」莊子曰：「在螻蟻。」曰：「何其下邪？」曰：「在稊稗。」曰：「何其愈下邪？」曰：「在瓦甓。」曰：「何其愈甚邪？」曰：「在屎溺。」東郭子不應。

——《莊子・知北遊》

者是決定天體運行的某種力量，結果聽到的卻是螻蟻、雜草、瓦塊、屎尿，從動物到植物，往下再到礦物與廢物，好像再怎麼低微卑賤的地方都有道的存在。

英國科學家李約瑟（Joseph Needham，1900-1995）主持撰著了多卷本《中國科學技術史》，其中第二卷探討中國科學思想的起源。他特別引述莊子「道無所不在」的那一段對話，然後指出：「這正是科學家對萬物一視同仁的無偏愛態度。」作為科學研究者，看待萬物首先排除人類中心主義的觀點，也不可摻和個人主觀的情緒及意願，而只能就萬物本身的狀態去作客觀的探討。

李約瑟的話也許沒錯，但並不是莊子的興趣所在。莊子能夠保持客觀而冷靜的觀察態度，是因為他明白一切由道而來，又回歸於道，並在道中形成一個整體。既然處在同一個整體中，我們看待萬物又何必夾雜個人的情緒與意志呢？

科學是求真的，而莊子求真的目的不是為了深入了解每一樣東西的細節，而是將萬物回溯到它的根源，「以道觀之，物無貴賤」，再由此孕生無限的審美感受。莊子不是科學家，而是嚮往「究竟真實」的哲學家，以及由此欣賞萬物的美學家。

道無所不在，所以萬物都顯示了道的光輝，只是人類未必體驗到這個祕密。道也在我們每一個人身上，這樣我們才有了自在逍遙的可能。

【啟明之智】

宇宙萬物構成一個整體，其中的一切可以用「大化流行」來描述。《易經》（包括《易傳》在內）是古代解釋「變化」的書，用主動力（陽爻）與受動力（陰爻）的組合來說明變化的方式及發展。「窮則變，變則通，通則久」是基本原則。換言之，天下沒有一時一地一物一人是隔絕而死寂的。

「生生之謂易」，這兩個「生」字，分別代表了「大生」與「廣生」，由此彰顯了剛健進取的活力。人生活在天地之間，自然也須自強不息，並且「厚德載物」，能夠包容、欣賞萬物。這一套生命哲學是中國人安身立命的準則，簡化為三句話，就是：一、以生命為中心的宇宙觀；二、以價值為中心的人生觀；三、向著超越界開放。

我們在這裡簡單引申解釋一番。首先，宇宙生生不息，萬物死而不滅，形成循環而穩定的生態平衡。所以人類是萬物的一份子，應該謹慎約束自己，不要因欲望擴張而傷害自然界。其次，人生不只是身體的生老病死，還有價值方面的要求，要創造真善美的人生，使它隨著年齡增長而趨向完美。然後，目標與方向何在？在於超越界。用道家的話來說，道就是超越界，因為它既不屬於自然界也不屬於人類，而是這二者的起源與歸宿。若以悟道為目標，則人生應該何去何從就不會混淆了。莊子立說的宗旨即在於此。

法國哲學家柏格森（Henri Bergson，1859-1941）倡導西方的生命哲學，其中有些觀點值得參考。他認為宇宙的本體是「生命衝力」在運作及發展，因為萬物無不充滿生命。我們如果想領悟這一真理，必須調整思維模式，不再用科學家那種機械的割裂的方式去看待萬物，而須「把空間轉化為時間，再把時間轉化為綿延」。空間是同質的，不同的空間可以交換，也可以比較大小，但時間卻一去不復返，所以無從交換與比較。不僅如此，對時間還可以計算某日某時，但是綿延則形成一個整體，完全排除了因果的考慮。

例如一位藝術家的創作，並不是受制於他在某一時段的某種經驗，而是他整個生命所展現的新意，否則談不上創作。人也是一樣，只有張開心靈之眼，隨時體察與吸取來自萬物的啟示，感受整體生命的綿延之流，生命才可能進入和諧狀態，並且不斷推陳出新，配合宇宙大生命的韻律。

《易經》將萬物的起源稱為「太極」，柏格森則遵循西方傳統，以「上帝」一名來代表超越界。前面我們說過，莊子所謂的「道」「在太極之上」，「造就了上帝」。他這麼說的用意，不是想否定別人的說法，而是想提醒我們，所有用來描述

「道」的語詞都是勉強選擇的，連「道」這個字也是如此。

明白這一點之後，就更能體諒莊子的用心良苦，他希望我們在探討萬物的最後真相時，不要執著於某些名稱，以免落入特定的學說系統或宗教信仰。

在道家看來，人類的智慧是啟明覺悟的境界，對一切事物都採取不即不離的態度，既不會一頭栽進其中，執著不放，也不會離棄任何一物，視為完全無用。

【道如大海】

莊子在〈齊物論〉中說：

「古時候的人，他們所知的抵達頂點了。抵達什麼樣的頂點呢？有些人認為根本不曾有萬物存在（未始有物），這是到了頂點，到了盡頭，無法增加一分了。其次，有些人認為有萬物存在，但是萬物之間未曾區分。再其次，有些人認為萬物之間有區分，但是未曾有誰是誰非的爭論。是非一旦彰顯，就造成道的虧損。」

我們一般人不是處在爭論是非的層次嗎？因此，若想抵達最高智慧，應當努力做到：一、超越誰是誰非的爭論；二、超越萬物之間的區分；三、超越對萬物存在的肯定。既然萬物一直在變化之中，我們確實應該認真思索：萬物真的存在嗎？如果真的領悟「未始有物」，根本不曾有萬

原 古之人，其知有所至矣。惡乎至？有以為未始有物者，至矣，盡矣，不可以加矣。其次以為有物矣，而未始有封也。其次以為有封焉，而未始有是非也。是非之彰也，道之所以虧也。

——《莊子．齊物論》

物存在，那麼我們就抵達最高智慧，可以合乎莊子的期許了。

但是這到底在說什麼？可以這樣解釋：萬物的存在是暫時的，一直在變化中的，它在出現之前與結束之後，其實並不存在。因此，從永恆的眼光看來，無一物真正存在。明白這一點，才有可能覺悟，原來真正存在的一向只是「道」而已。

沒有經過這種否定萬物的思考過程，就無法領悟道是什麼。讓虛無的歸於虛無，才有可能呈現真實。例如笛卡兒（R. Descartes，1596-1650）有西方近代哲學之父之稱，他擺脫了基督教神學對真理的解釋，用理性去思索到底存在的是什麼。他說：「人在一生之中，至少要有一次，敢於去懷疑所有能被懷疑的東西！」於是他懷疑世界的存在與自我的存在，以及萬物的存在。最後他說：「我無法懷疑那個正在懷疑的自我。」

換言之，當我懷疑自己是否存在時，正是這樣的懷疑使我必須肯定「我思故我在」。笛卡兒如果只說了這句名言，我們現在就可以問他：「笛卡兒，你現在在哪裡？」然而，笛卡兒不是平凡等閒的哲學家，因為他隨後又說了另一句更重要但很少被人提及的名言，就是：「我在故上帝在。」這句話石破天驚，它等於宣稱：這個渺小的我居然存在，那麼我的背後或底基，一定有個全能的、永恆的、超越的力量存在，作為一切的支撐，而它才是真正有資格說是「存在」的。在西方傳統中，習慣稱之為「上帝」。

換了莊子，就會說：笛卡兒的意思，所指的正是「道」。萬物在其本質上就是生生滅滅的，又怎能說是存在呢？如果完全不談道，則「未始有物」是客觀事實。西方哲學史上有一個最根本的問題，就是在面對萬物時，詢問：「為什麼是有而不是無？」意思是：萬物之「有」，實在讓人驚訝；萬物之「無」，才是合理現象。為了釐清萬物之「有」是怎麼回事，哲學家前仆後繼，而最後的心得是：為了說明這樣的存在，必須找到它的起源與歸宿。在莊子看來，這兒所說的正是「道」。莊子肯定「天地有大美而不言」，能夠由「未始有物」推展到「萬物皆美」，關鍵在於能夠悟道。

人的一生有如一滴水，從飽滿豐潤逐漸蒸發殆盡，因此迫在眉睫的問題是：「如何讓一滴水

原

孰知有無死生之一守者，吾與之為友。

——《莊子．庚桑楚》

不要乾涸？」答案只有一個：「把它丟到大海裡去。」大海所象徵的正是「道」。人若回到道中，不僅所見無一不美，自身也將得到真正的保全。莊子在〈庚桑楚〉篇中說：「誰能了解有、無、死、生本來是一體的，我就與他做朋友。」我們不妨以此自許，希望能與莊子「相視而笑，莫逆於心」。

附錄

莊子其人其書

莊子，原名莊周，字子休，戰國時代宋國蒙（今河南商丘東北）人，生卒年約在西元前三六八年至西元前二八八年之間。他與儒家的孟子處於同一時代，但兩人並無見面機會，或者兩人即使見面也無話可說，因為「道不同，不相為謀」。各派學者各有其道，而莊子是道家老子的後學，對於「道」另有獨樹一幟的看法。

莊子曾經短期為官，擔任蒙的漆園吏。中年以後，他的生活極為貧困，「住在窮街陋巷，困窘地織鞋為生，餓得面黃肌瘦」。後來楚威王聽說他是個人才，以高官厚祿聘請他，但是對莊子而言，世間的榮華富貴「有如鳥雀、蚊虻從眼前飛過去一樣」，實在引不起一點點興趣。不過，莊子對人生絕不是沒有熱情的。

他的生活與一般百姓無異，有妻有子，努力在亂世中苟全性命。差別在於：他博覽群書，深通人情世故，領悟高明智慧，自有一套人生哲學。他的朋友之中，最有名的是惠施。惠施是名家的學者，聰明善辯，爭取世間名望，做官不落人後。他常與莊子辯論，可惜兩人層次相差太遠，難以抵達「相視而笑，莫逆於心」的境界。

幸好有《莊子》一書傳於後代，才不致淹沒了千古以來令人驚嘆的吉光片羽。

在司馬遷筆下，莊子是個小角色，《史記》說他「著書十餘萬言，大抵率寓言也。作〈漁父〉、〈盜跖〉、〈胠篋〉，以詆訾孔子之徒，以明老子之術。〈畏累虛〉、〈亢桑子〉之屬，皆空語，無事實」。這樣的判斷並非全無根據，但是局限於浮面觀察，對莊子不公平。

例如現在我們所閱讀的《莊子》版本，原文將近七萬字，共有三十三篇，是晉代郭象所刪定的。這三十三篇又分為內篇七篇，外篇十五篇，雜篇十一篇。司馬遷提及的〈漁父〉與〈盜跖〉列在雜篇，而〈胠篋〉列在外篇。一般認為，內篇為莊子自著，也是莊子思想的精華所在，外篇除大部分為莊子手筆外，也有部分為後學所編纂，雜篇則多出自門徒後學之手。

莊子想表達什麼？王叔岷先生精研《莊子》，認為莊子不是一般所說的「為我，放任，避世，空談」，而是：忘我，順其自然，入世而超世，全由深刻體驗而來。《莊子》一書可以支持這種看法。如果進而省思莊子何以能有如此卓越精妙的心得，則答案在於他對「道」的領悟。他的「道」是「一以貫之」的原理與源頭，認清這一點，就可以與他一起逍遙而遊了。

【附《莊子》篇目】

【內篇】

逍遙遊　齊物論　養生主　人間世　德充符　大宗師　應帝王

【外篇】

駢拇　馬蹄　胠篋　在宥　天地　天道　天運　刻意　繕性

秋水　至樂　達生　山木　田子方　知北遊

【雜篇】

庚桑楚　徐無鬼　則陽　外物　寓言　讓王　盜跖　說劍　漁父　列禦寇

天下

傅　佩　榮　作　品　集　2　5

原來莊子這樣說

國家圖書館出版品預行編目 (CIP) 資料

原來莊子這樣說 / 傅佩榮著 . -- 增訂新版 . -- 臺北市 :
九歌出版社有限公司 , 2024.06
　面 ;　公分 . -- (傅佩榮作品集 ; 25)
ISBN 978-986-450-577-7(平裝)
1.CST: (周) 莊周 2.CST: 莊子 3.CST: 學術思想
4.CST: 研究考訂 5.CST: 人生哲學
121.33　　　　112008951

作　　者——傅佩榮
創 辦 人——蔡文甫
發 行 人——蔡澤玉
出　　版——九歌出版社有限公司
臺北市 105 八德路 3 段 12 巷 57 弄 40 號
電話／02-25776564・傳真／02-25789205
郵政劃撥／0112295-1

九歌文學網　www.chiuko.com.tw

印　　刷——晨捷印製股份有限公司
法律顧問——龍躍天律師 ・ 蕭雄淋律師 ・ 董安丹律師
初　　版——2010 年 6 月
增訂新版——2024 年 6 月
定　　價——360 元
書　　號——0110825
I S B N——978-986-450-577-7
9789864506804（PDF）
9789864506811（EPUB）